普天之下・盡是好書
普天 出版社
Popular Press

調整自己的視野，就能看見更美好的世界

你的未來，
一定要活得比現在精采

楚映天——編著

EXPLORE YOUR
WORLD

塞涅卡曾經寫道：「生命就像一齣戲，重要的不是它的長度，而是它的深度。」
生命的長短用時間來計算，生命的價值則是用貢獻來計算，雖然我們無法決定生命的長短，
但卻可以決定自己生命的內容是否精采豐富。

自己的人生要走向何方，有什麼發展，往往由自己的視野決定。
不要懷著沮喪的心情，對未來抱著悲觀和沮喪，何不調整自己的想法，
調整自己看人看事的視野，讓自己看見更美好的世界？

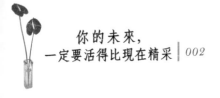

• 楚映天

出 版 序

調整自己的視野，就能看見更美好的世界

如果眼前的直線思路已經出現阻礙，那麼我們何不逆向搜尋？也許就在我們回頭的同時，便看見突破解決的出口。

　　作家尼克勞斯曾經寫道：「心無罣礙，才能讓自己海闊天空。」

　　活在現實功利的社會中，人的煩惱越來越多，執著越來越深重，心胸也跟著越來越狹隘，不少人都感慨日子越來越難過。

　　事實上，只要我們願意放開心胸，用不同的眼光看待事情，換不同的做法解決問題，日子要過得自在，其實並沒那麼困難。

　　障礙，往往來自心中出現罣礙。當我們面對人生的各項難題時，只要先掃除心中的罣礙，那麼所有擋在眼前的絆腳石，都會成為人生道路的墊腳石。

　　作家萊辛曾經寫道：「我們之所以徬徨和無助，多半是因為我們遭遇困難的時候，不知道改變觀看事情的角度。」

　　每個人的生活都難免遭遇困境，然而，所謂的困境，很多時候並不是無法跨越的絕境，而是我們一味誇大問題的嚴重性，不願意試著從不同的角度思考，自然找不到出路。眼前的困境，不論是鐵打鋼鑄的也好，還是用荊棘編成的也罷，只要你願意動動腦，就一定能解決煩惱。

　　給自己多一點思考空間，學會逆向的思考，我們才能及時打破僵局，為自己創造一次又一次的成功奇蹟！

　　微風在南美洲的草原上拂過，因為正值初秋，草原上看起來像似一片金黃色的海洋，十分美麗壯觀。在這片草原上，有一群旅客特地結伴來到這裡，準備好好地享受如斯美景，只見他們在草地上盡情歌唱嬉戲，好不熱鬧！

　　突然，一陣驚呼聲打破了此刻的愜意氣氛。

　　「不好了！」

　　歡樂的歌聲乍然停止，他們立即尋著這個驚恐的呼叫聲望去。

　　「失火了！」

　　就在他們的身後，有一團火正朝著他們直撲而來，在秋風的助長下，這團火也越燒越旺，這時所有人立即逃散開來。

　　只是沒想到，在這煙霧迷漫中，他們全失去了方向，望著即將侵襲到他們身邊的火焰，有人忍不住哭嚎了起來：「完了！我們要被燒死了！」

　　就在絕望聲此起彼落中，忽然有個老獵人出現在他們的面前，安撫這群遊客們說：「你們別再跑了，現在你們聽我的命令，開始拔掉這一片乾草，並清出一塊沒有乾草的空間。」

　　著急的遊客們聽見老人家這麼說，也顧不及是否有效，立即拼了命地拔草，一下子便清出了一塊很大面積的空間。

　　「接下來，你們聽著我的指令移動腳步。」老獵人說。

　　這時，火焰朝空地的北端靠近，老獵人立即叫他們到空地的南端，而他自己則跑到空地的北端，並將拔下來的草堆搬向北邊去。

　　熊熊大火似乎沒有熄滅的可能，因此，有人恐慌地問老獵人：

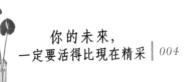
「如果火燒了進來怎麼辦？」

老獵人笑著說：「別急，我有辦法！」

很快地，大火便靠近了老獵人，只見他將堆放在北邊的乾草點燃，接著，竟發生了一個神奇的景象，有人不禁大呼：「啊！乾草怎麼會逆著風，朝著大火的方向燒去呢？」

只見兩個不同方向的火勢，很快地便相遇了，令人感到不可思議的是，當兩方相遇時，竟出現互相排抵的情況，兩方的火勢竟然都慢慢地變小了，最後則熄滅了。

他們吃驚地問老獵人到底用了什麼魔法。

老獵人吐了口氣，笑著說：「這只是一個小小的原理，烈火上方的空氣遇熱後會變輕，接著便產生上升氣流，而周圍的冷空氣這時會被迫遞補上去，所以在大火的附近會有迎向火焰流動的氣流。於是，我便趁著大火接近北面時，將另一個草堆點燃，令這邊的火朝著風的反方向開始蔓延，最後因在兩方各自拉聚冷空氣的情況下，兩股火勢中間的空氣便已燒盡，再也沒有助燃的乾草和氧氣，火自然也慢慢地熄滅了。」

盧卡斯曾說：「一個人的心有多寬，路就會有多寬。」

心境決定一個人的處境，眼界決定一個人的世界。當我們認為自己窒礙難行的時候，只要放寬心胸重新看待，視野就會變得寬闊，即使面臨「山窮水盡疑無路」的困境，也會看出「柳暗花明又一村」的前景。

沉著的老獵人從大自然的原理中，發現「以火滅火」的解決方法，也帶出了生活思考的多元性——不是只有水和土才能消滅

烈火，萬物身上皆有其必然存在的弱點，只要我們能夠適時找出可以攻破的漏洞，那麼熊熊烈火也能阻擋火苗燃燒。

習慣以正向思考的人，比較不會從逆向去探討，因而他們平常尋求解決的方法，也往往充滿了僵化的思考模式。就像故事中的情況，大多數人會堅持著「水能滅火」的常理，怎麼也想不到「用火滅火」的可能，而這也經常是我們習慣正向思考的盲點。

不論面對什麼樣的問題，我們都要多轉幾個角度去思考，如果眼前的直線思路已經出現阻礙，那麼我們何不逆向搜尋？也許就在我們回頭的同時，便看見突破解決的出口。

或許，有人會質疑：那豈不是要多走兩步路了。

那又何妨，只要能讓問題重現生機，再多走兩路也值得！

本書《你的未來，一定要活得比現在精采》是作者舊作《心寬，路就寬全集》全新增修本，除了針對內容進行刪修之外，另外也增加了十篇新稿，謹此向讀者說明。

Part 3

找不到方向，就會暈頭轉向

很多時候，我們盲目地尋找解決之道，卻忘了最大的問題不是答案在哪裡，而是什麼才是真正的問題。

Part 4

充滿信心，就能保持平常心

只有抱持著平常心，無論對手是強是弱，是超乎水準還是一反常態，你都能充滿信心，表現出自己最好的狀態。

Part 5
充滿自信才能創新

突破傳統的窠臼需要自信和勇氣，更需要高明
的創新手法。扭轉既有的事實需要冒險，新大
陸往往就是這樣被發現的。

Part 6

無法改變環境，就設法轉換心境

所謂學習忍耐生活，是要我們從心靈徹底地覺悟，
當我們無法改變環境時，就改變自己，用微笑來轉
換心境。

Part 7

多用一點心，就多一點機運

只要多一點留意，就能免除掉很多的麻煩，更可能為自己帶來好處。一個小小的細節，都有可能造成大大的影響。

Part 8

自以為是，只會做出錯誤的事

當我們以為自己才是標準時，就不會有寬容的心胸，因為一個裝滿水的杯子，是無法再接受任何液體的。

Part 9
懂得付出，才能活出生命的價值

在每個角落有許多需要關懷的人正默默等待
著愛，將無數的小愛化為大愛，這就是生存
的意義。

Part 10
快樂烹調你的幸福人生

培養興趣是一項重要的生活條件，在興趣中建立目
標，不但能使自己活得快樂，也能讓人感受到蓬勃
的生命力。

Part **11**

不僅知道，還要做到

當你總是無法下定決心開始進行某一個工作時，當你總是缺乏毅力貫徹時，或許是因為你對這件事情的了解還不夠深入。

轉換心境，
就能轉換命運

此路不通，那就找尋另一種可能；

別無去路，那就追求另一種成功。

山不轉路轉，沒有人規定你非得要直著走！

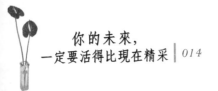

此路不通，就要懂得變通

兩個點最近的距離固然是直線，但是當此路不通時，繞遠一點的路，說不定反而可以走得更快。

一個人買了一座千斤石像，想要把它搬進位在十樓的家。

他問兩位朋友意見，其中一位思考要如何把石像搬到電梯裡，另一位卻想著要怎樣把石像搬上十樓。

依你看，哪個人想出來的方法會比較適當？

餐桌上，有七、八個大男人正為了打開一個酒瓶塞而搏鬥著。

這瓶酒是託朋友從法國帶回來的，每年只出產九十九瓶，其中大部分都落到各地王公貴族手上。

為了一償宿願，主人不只花了大筆銀子，還透過層層關係，加上機緣巧合，才好不容易得到這瓶酒的。原本高高興興地召集眾家親友一起分享，如今卻為了這塊惱人的酒瓶塞而僵持不下，眼看著就要敗興而歸，這該如何是好？

經過他們輪番折騰，瓶口的軟木塞非但沒有取出，反而朝瓶子裡面陷下去半公分，越弄越糟糕。

有人提議用剪刀挑，這個建議隨即被人否決；他們認為軟木塞的木質疏鬆，恐怕不易成功。

有人提議說，最好用一支釘子旋進木塞裡，然後用力撥出，

如此便可以讓木塞隨著釘子拔出。

但是，這個建議依然遭到其他人的反對，認爲萬一施力方向錯誤，角度稍微向下，木塞很容易就會掉進瓶子裡。

那麼，就用比釘子還長的螺絲起子對著木塞用力往裡頭插入，讓螺絲起子貫穿木塞，然後將木塞隨錐子一起拔出。

這個主意終於獲得大家一致贊同，只可惜主人翻遍整間房子，卻始終找不到這種傢伙。

最後，大家決定用開罐器再試一次，結果，軟木塞不但沒有取出，反而還掉進酒瓶裡。

但是，男人們在一片惋惜聲中發現事情的結果──瓶子裡面的酒終於倒得出來了。

你的未來,一定要活得比現在精采

導致我們陷入困境的，往往不是環境太過惡劣，也不是景氣眞的那麼糟糕，而是我們太過僵化，不願意改變根深柢固的想法。

此路不通，就要懂得變通。當你遭遇失敗，有時候只要肯稍微改變一下自己的思路，就能夠順利找到出路。

在通往目的地的過程中，難免會碰到一些關卡，如果只是一味地思索要如何突破這些關卡，就很容易被它們誤導，反而看不清目標。相反的，如果想要走得更快，遇到關卡時，不妨動動腦子，換個角度想一想，除了這一條路之外，還有沒有別的路一樣可以通往目標。

兩個點最近的距離固然是直線，但是當此路不通時，繞遠一點的路說不定反而可以走得更快。

畢竟，辦法是靠人才能想出來的，不是嗎？

要得太多，小心賠得更多

日常生活中，不要有非分之想，取物要適
可而止；否則貪念一起，就像掉落無底
洞，讓人不可自拔。

　　拿破崙曾經這麼說過：「當人們停止勾心鬥角、爾虞我詐之
時，他們也就停止了思考。」

　　奸詐是人的本性，貪心更是人的天分，當「奸詐」碰上「貪
心」，究竟誰才會是最後的贏家呢？

　　一位富商和一位賣饅頭的小販在半山腰上不期而遇，這時正
值連日豪雨引發山洪，山下更是氾濫成災。兩個人不幸被這場洪
水困在山上，求助無門。他們不知道這場水災要持續多久，只能
默默地祈禱老天爺別再開玩笑。

　　兩天後，富商身上所帶的糧食全部吃光了，只剩下滿滿一袋
錢幣，而賣饅頭的小販儘管身無分文，卻還剩下一袋饅頭。富商
於是提出建議，要用一個錢幣和小販交換一個饅頭。

　　如果是在平時，富翁的一個錢幣就已經可以買一整袋饅頭，
這是再划算不過的事了。但是，小販卻不同意這樣的交易，認為
這是千載難逢的好機會，非狠狠敲他一筆不可。因此，小販堅持
要用一整袋饅頭換富商手中那一袋錢幣。

　　算一算，每個饅頭還須花上三個錢幣，真是獅子大開口。但

是，為了保命，富商只好勉為其難地答應。

　　過了一天又一天，洪水始終沒有一點退去的跡象。富商吃著從小販手裡買來的饅頭，生計倒也不成問題，而賣饅頭的小販一連幾天沒東西吃，早已餓得飢腸轆轆、苦不堪言。最後，他實在忍不住，開口向富商要求，用原來三個錢幣的價格買回其他剩下的饅頭，但是，富商只答應他一部分條件，讓他用十個錢幣來換回一個饅頭。

　　到了洪水退去的那天，饅頭已經全部被吃光了，而那一袋錢幣也原封不動地又回到富商的口袋中。

你的未來,一定要活得比現在精采

　　證嚴法師說：「日常生活中，不要有非分之想，取物要適可而止；否則貪念一起，就像掉落無底洞，讓人不可自拔。」

　　偷雞不著蝕把米，貪心通常都不會有好下場。偏偏人多少都抱著一絲僥倖的心裡，覺得倒楣的一定不會是自己，把所有佔人便宜的機會都當成是「上天的眷顧」。

　　要受過多少教訓，人們才可以學乖？當人們對自己的任何行為都感到心安理得時，有時反而最可能犯錯。

　　要得太多，小心賠得更多。

轉換心境，就能轉換命運

 此路不通，那就找尋另一種可能；別無去
路，那就追求另一種成功。山不轉路轉，
沒有人規定你非得要直著走！

危機就是轉機，生命其實還有另外一種可能。

只要視野夠廣闊，心胸夠寬敞，成功不是只有一點，而是一
整個平面；你在哪裡付出過心血，成功就會降臨在那裡。

只要懂得轉念，很多事情就可以改變，自己就不會成為自己
人生道路上的絆腳石。透過自己或別人的種種經歷，我們更能看
清，生命的輪廓就是這樣起起落落，並學會如何讓心變得更寬闊。

有一位種蘋果的人，所種的高原蘋果色澤紅潤，吃起來又脆
又甜，深得消費者喜愛，經常供不應求。

只是有一年，一場突如其來的冰雹在即將採擷的蘋果上砸出
許多傷口，眼看著這些鮮紅蘋果傷痕累累，如何吸引顧客呢？

這無疑是一場毀滅性的浩劫，蘋果賣不出去還算小事，但是
誤了自己的信譽、砸爛了自家的招牌可是一件大事。

不僅如此，如果不能按期交貨給商家，還要依照合約上的條
款進行賠償，該怎麼辦呢？

然而，這個天性樂觀的果農卻沒有輕易放棄，他在蘋果的宣
傳單加上了這麼一段話：「親愛的顧客！您們注意到了嗎？在我

們這些高原蘋果的臉上有一道道的疤痕，這正是我們來自高原的證明。因為高原常下冰雹，所以我們的臉上才會出現這些美麗的傷痕。味美香甜是我們獨特的風味，請記住我們的正字商標——傷疤。」

這則讓蘋果自我介紹的廣告異常成功，產品的銷售不但絲毫不受影響，反而吸引更多消費者爭先恐後，一睹正宗高原蘋果的風采。

你的未來,一定要活得比現在精采

成功經常是拜災難所賜，只要肯想辦法，世界上沒有解決不了的難題。

如果事情太過棘手，左思右想也仍然找不出別的辦法，不如轉換自己的心境，爭取另一種成功。

曾聽過一個故事，主角是一個剛進寺廟修行的小和尚，方丈給他的第一道難題，是叫他用破舊的水桶挑水，並鄭重聲明不能私自換成新的水桶。

這些舊水桶的底部都隱隱有些細縫，每次裝了滿滿一桶水，挑回寺裡時都只剩下不到半桶了。

為此，小和尚非常苦惱，但是仍然按照方丈的吩咐，每天默默地挑水，過了半年，他也就習慣了這項辛苦的工作。一天，他終於忍不住問方丈：「為什麼挑水偏要用漏水的水桶來挑？」

這時，方丈指著小徑兩旁茂密繁盛的花草對他說：「桶子裡的水雖然漏掉了，但是並沒有浪費，它灌溉了這麼鮮豔美麗的花草，而且還鍛鍊了一個修行者的忍性、耐性、定性。難道這不值得嗎？」

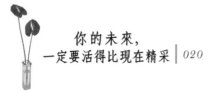
　　人生的目標其實不只一個，即使你先前已經訂下目標，最後卻走到不盡相同的終點，這又何嘗不是另一種成功？

　　人生總是峰迴路轉，沒有走到盡頭，誰也不知道結果，你又何必給自己畫上那麼多的框架呢？

　　此路不通，那就找尋另一種可能；別無去路，那就追求另一種成功。山不轉路轉，沒有人規定你非得要直的走！

輕敵，往往暗藏著危機

當你認為十拿九穩時，往往就暗藏危機，
這就是「輕敵」所必須付出的代價！

當對方向你示弱時，可別一味以為他是真的弱，因為有更大
的可能，他是在「扮豬吃老虎」！

一位樣貌老實的商人到銀行提取大筆現金回到車上，正要發
動引擎離開時，從後照鏡中看到一個陌生女人從後座爬起來。

商人嚇了一大跳，難不成自己見鬼了？但是現在日正當中，
怎麼有可能呢？他甩一甩頭，拋開這個可笑的想法。

只見這個女人把頭伸到商人耳邊，語氣裡帶著點緊張，小聲
地對他說：「馬上把你的錢全部交給我，否則我就立刻打開車門
滾出去，告訴大家你綁架我、強暴我！」

仔細一瞧，女人的雙手被繩子綑綁著，頭髮凌亂不堪，而且
上衣領口敞開，鈕扣似乎被扯掉了。老實的商人從來沒想過這種
事會發生在自己身上，一時楞在那兒。

商人本想立刻奪門而出，跑出去對路人說明真相，可是看那
女人緊握車門把手的姿勢，就算自己是閃電俠恐怕也沒有她快，
到時可真的跳到黃河也洗不清了。如果換做是你，你會怎麼做呢？

好在這個商人總算還見過一些世面，經歷過一些商場上的風

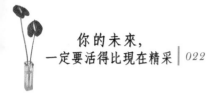

浪；他強自鎮靜思考了一下子，便轉過身去對女人咿咿啊啊地比手畫腳一番。女人見狀，很不高興地嘆了口氣說：「真是倒了八輩子楣，這麼多人不挑，偏偏挑了這個啞巴！」

商人拿起前座椅子上放著的一分報紙，並從口袋中掏出一枝筆交給女人，又比畫一番，示意女人把她要說的話寫下來。

女人鬆開自己手中並沒有真正綁死的繩結，接過紙筆，緊張地瞄了瞄窗外，又狠狠地瞪了商人一眼，在報紙上匆匆地寫下「拿出錢來，否則我滾出車門，大叫你綁架強暴我」這幾個潦草的字。

商人接過報紙後，隨即趁著女人手上還拿著筆的好時機，打開車門衝出車去，同時按下遙控器鎖住所有的車門。幾分鐘後，手中握著那份報紙的商人，領了幾位警察回到現場。

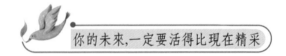

你的未來,一定要活得比現在精采

乍看這則故事，你會為這個商人拍手叫好，覺得他反應靈敏、機智聰明，簡直是百年難得一見的「犯罪剋星」。

但是仔細想想，除了這個商人聰明，這個女人也稍嫌愚蠢，錯失許多可以自保的機會。例如，當她發現商人是個「聾啞人士」時，她可以馬上收手，等待下一次機會；當商人表示聽不懂她的話時，她應該根據商人的衣著打扮，推想到即使商人又聾又啞，他也應該懂得唇語，否則如何獨自開車穿梭大街小巷？

當商人奪門而逃，把她反鎖在車內時，她有好幾分鐘的時間，可以打電話求救或者乾脆擊破車窗逃逸。

受害人沒有上當，反倒是壞人被反咬一口。這則故事說明了，現實社會往往是這樣子，當你認為十拿九穩時，往往就暗藏危機，這就是「輕敵」所必須付出的代價！

你還可以更聰明

聰明不是與生俱來，而是靠平時日積月累
訓練而來的。只要多觀察、多思考，你也
可以變得很聰明！

聰明有很多種形式，其中最不聰明的一種，就是光有小聰明，
而沒有融會貫通的大智慧。這種聰明，是自以爲是的聰明，你其
實還可以放聰明一點！

阿凡提是維吾爾族家喻戶曉絕頂聰明的人物。

有一次，國王想挫一挫他的銳氣，便絞盡腦汁想了一個難題
來考他。國王不懷好心地問他：「你知道我面前池塘裡的水，能
裝滿多少個水桶嗎？」

阿凡提笑著說：「這很簡單，如果水桶是池塘的一半大，那
就可以裝滿兩桶；如果水桶跟池塘一樣大，那就只能裝滿一桶；
如果水桶是池塘的十分之一大，那就可以裝十桶。」

國王聽了只好點點頭，他本來想看看阿凡提啞口無言的窘相，
沒想到卻忘了在題目中點明是多大的水桶。既然水桶的容量不明，
阿凡提也就能顧左右而言他，只要說得有道理，國王又能拿他怎
樣呢？

這就是阿凡提式的聰明，他不侷限於固定的觀念當中，而善
於利用其他的條件幫助思索。

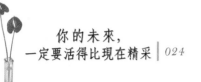

你的未來,一定要活得比現在精采

　　一位奧地利的醫生名叫奧斯布魯格，他的父親是個賣酒的商人。為了辨別高大的木桶中還有多少酒，父親經常用手輕敲桶子的外側，用聲音來判定，是滿滿的一桶，還是所剩無幾。

　　父親的這個做法對奧斯布魯格產生不少啟發。

　　他想，這個原理不一定只能用在酒桶上面，人體胸腔、腹腔的構造不也像個木桶嗎？既然父親光靠旁敲側擊就能知道桶子裡的酒有多少，那麼，如果醫生敲敲病人的胸腔腹腔，並且仔細聆聽它們所發出的聲響，不也就可以藉此來判斷病人的病情嗎？

　　靠著多年的苦心鑽研，認真歸納，奧斯布魯格發明了著名的診病方法——叩診，這是醫療史上的一大進步。

　　懂得觀此知彼，舉一反三，這才是真正的聰明；天才大多都是從這裡出發，而發展出大智慧的。

　　許多人的聰明不是與生俱來，而是靠平時日積月累訓練而來的。所謂的「聰明」，就是耳聰目明，只要願意多觀察、多思考，你也可以變得很聰明！

用敵人的壓力來鞭策自己

與其讓別人毫不留情地來打敗你，不如先替自己製造敵人，作為鞭策自己、激勵自己的方式。

一個人最大的敵人，往往就是自己，只有勇於自我摧毀，才有可能突破環境的桎梏，獲得新生。

此外，倘使懂得善用敵人的競爭力量來鞭策自己前進，你也可以有更事半功倍的人生。

第一次波灣戰爭之後，美國發明了一種被稱之為 M-A2 型的坦克。

這種坦克的防護裝甲，在當時堪稱是全世界最堅固的，它可承受時速超過四千五百公里、單位破壞力超過一萬三千五百公斤的外力打擊，並且毫髮無傷。

這種品質優異的防護裝甲究竟是如何研製成功的呢？

道理很簡單，所謂以子之矛，攻子之盾。有同等力量的一方在旁邊助跑，另一方一定能跑得更快。

當時，喬治‧巴頓是美國陸軍最優秀的坦克防護裝甲專家之一，他在接受研製 M-A2 型坦克裝甲的任務之後，立即請來一位「死對頭」做搭檔，這個死對頭是著名的破壞專家，邁克‧舒馬茨工程師。

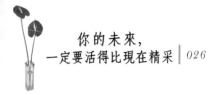
他們兩人各自率領一個研究小組展開工作；喬治‧巴頓率領的是研發小組，負責防護裝甲的研製，而邁克‧舒馬茨率領的則是破壞小組，專門負責摧毀研發小組所研製出來的防護裝甲。

剛開始，舒馬茨不費吹灰之力，就可以輕而易舉地把剛研製完成的坦克炸得體無完膚、四分五裂。

但隨著時間一天一天的過去，研發小組不斷更新材料，修改設計方案，從失敗中汲取經驗，從挫折裡發掘靈感，終於有一天，破壞小組使出渾身解數，這種新式裝甲也依然穩如泰山，沒有一絲一毫的損傷。

這種當時世界上無與倫比、最堅固的坦克，就在這種近乎瘋狂、矛盾不斷競賽的試驗中誕生了。

它的兩名「父親」，喬治‧巴頓與邁克‧舒馬茨也因此同時榮膺象徵最高榮譽的紫心勳章。

「破壞」和「反破壞」看似兩種對立的關係，但是如果運用得當，它們也可以連成一氣，產生更大的力量。

你的未來,一定要活得比現在精采

愛迪生曾經這麼說：「失敗也是我所需求的，它和成功對我一樣有價值，只有在我知道一切做不好的方法以後，我才知道做好的方法究竟是什麼。」

一遇到困難就急著逃避的人，會把困境當成沉重的包袱，但是勇於突破的人，則會把從各種角度尋求出路。

不論遇上什麼難題，放棄努力之前，都要激勵自己從不同的角度再試一次，只要嘗試從各個面向設想，你的思考能力與解決能力就會相對增強。

當生活或工作陷入困境，不妨多動腦多變通，為自己找到最好的出路。

有壓力才會有成長，有敵人才會有進步。

因此，不用害怕眼前的敵人，也不要害怕可能的失敗，沒有這次的失敗，哪來下次的成功？

與其讓別人毫不留情地來打敗你，不如先替自己製造敵人，作為鞭策自己、激勵自己的方式。

只有利用最尖銳的長矛，去刺穿最堅固的盾牌，才會不斷刺激出更新更好的矛與盾，你說是嗎？

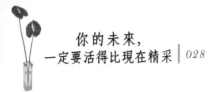

假象最容易讓人上當

 大多數人所以會受騙上當，正是因為他們
從來沒想過自己會有被騙的可能。

卡繆曾說：「只要是人，很少會向跟自己有利害關係的人自
曝弱點，除非他另有所圖。」

因此，當你看到對方的弱點時，不要急著慶祝；你之所以能
得知他的弱點，也許正是因為他故意「不小心」被你發現。

第二次世界大戰時，哈倫上校率領一艘美國潛艇，想要登上
一艘瑞士籍商船執行查驗工作。兩艘大船在海中央會合，距離沒
幾公尺時，瑞士商船立即換上德軍旗幟，對著美國潛艇開砲。

明槍易躲，暗箭難防，德軍喬裝的這一招真是又狠又辣。幸
好哈倫上校作戰經驗豐富，立即下令潛入水底，在千軍一髮之際
躲過德軍的砲擊。

德軍知道自己處於上風，趁勝追擊，開始向水中投下深水炸
彈。

美國潛艇四面危機，處於十分緊急的狀況，稍有不慎，隨時
會有化成炮灰的危險。哈倫上校處變不驚，冷靜地思考一會兒，
立刻下令全鑑關掉引擎，放掉一百加崙的汽油，並且把一些不必
要的物資往水裡丟，讓它們浮上海面。

德軍從瞭望台由上往下看，看到水面上漂浮著大量汽油和各類軍資物品，隨即欣喜若狂。他們個個沉浸在勝利的喜悅中，為自己擊沉一艘美國潛艇而高興不已。

就在德軍掉頭準備返航時，美國潛艇趁其不備，悄悄地從水中發射魚雷，德國艦艇全軍覆沒。

你的未來,一定要活得比現在精采

美國作家摩里斯曾經寫道：「要把一件事情做成功，首先，你就得對這件事情要有一幅清晰而且正確的心裡圖像。」

這是因為，如果欠缺清晰而且正確的圖像，你就容易昧於表象。

表相並不等於真相，即使是你親眼所見、親耳所聞，在沒有充分進一步證實之前，千萬別輕率地為它下註腳。大多數人所以會受騙上當，正是因為從來沒想過自己會有被騙的可能。

正面衝突的是敵人，背後偷襲的也是敵人。「會叫的狗不會咬人」，因此，當這隻狗停止吠叫時，可別把牠當成死狗；牠有極大的可能正在伺機而動，隨時會把你咬得頭破血流！

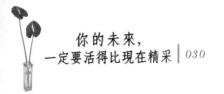

信心能讓一切不可能變成可能

 即使人生困難重重，只要我們相信自己，
那麼無論別人認為事情有多艱難，我們最
終都一定能輕鬆渡過。

　　作家塞拉曾說：「通常很多原本你認為不可能的事，往往都在你決定挑戰它的那一瞬間變成可能。」

　　的確，只要你決定接受這個「不可能」的挑戰，就算是百仞高山也可以鏟平。

　　只要你決定接受這個「不可能」的挑戰，再怎麼難過的人生關卡，也可以安然度過。

　　只要你願意相信自己一定做得到，那麼「不可能」這三個字就永遠不會出現在你的「人生字典」。

　　我們永遠都不知道自己的潛能有多強，但我們仍究要給自己一份信心，因為唯一能開啟這道生命潛能的人，始終只有我們自己！

　　只要我們能肯定自己，相信自己，那麼無論成功之門有多沉重，我們也能用一己之力輕鬆開啟。

　　有一天，釋迦牟尼佛要到恆河的南岸說法，有位虔誠的信徒一聽聞佛陀即將弘法，便不遠千里地來到恆河的北岸，準備到南岸去聆聽大師的教誨。

　　但是，當他到達恆河的北岸時，卻發現那裡沒有渡船，若是繞到另一條路徑，又恐怕走到對岸時，法會已經結束了。

　　「怎麼辦才好呢？」男子煩惱地想著。

　　於是，他只好問在旁邊休息的船夫：「請問，這個河水深不深啊？有沒有其他方法到達對岸？」

　　船夫說：「請放心，這河水淺淺的，差不多只到膝蓋而已。」

　　男子一聽，開心地說：「真的嗎？那我不就可以涉水過去？」

　　只見他話才說完，便將雙腳踏入水中行走，不可思議的是，最後他竟然真的從河面上走到了對岸。

　　而正在恆河南岸聽法的人，看見這個男子竟然渡河走了過來，每個人都嚇壞了，因為他們知道河水有好幾丈深。

　　有人擔心地問佛陀：「這該不會菩薩想指示什麼吧？不然，他怎麼能從河面上走過來？」

　　佛陀微笑著說：「其實，他並不是什麼菩薩的化身，他和你們一樣都是平凡人，也和你們一樣，只是對我所說的話都抱持著絕對的信心，所以，他可以從河面上輕鬆走來。」

你的未來，一定要活得比現在精采

　　「因為相信，所以不可能也能成為可能！」

　　這是釋迦牟尼佛在故事中所要傳達的旨意，祂沒有親自現身來開示人們，只以偽裝的船夫，以一句「請放心」來建立信徒對自己的信心。

　　在我們的身上原來就存在一種潛能，一種可以讓自己完成任何可能的「自信力量」；一如故事中的平凡信徒，因為相信佛陀的話，於是心中建立起了橫越恆河的信心，也同時開啟了自己在

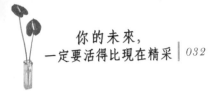
河面上行走的可能。

　　其實，故事中的「自信」與「潛能」，並不是深奧難懂的哲理，那只是一個很簡單的生活禪思，告訴我們：「即使人生困難重重，只要我們相信自己，那麼無論別人認為事情有多艱難，我們最終都一定能輕鬆渡過。」

成功靠實力，不是靠投機

「不賭為贏」，把自己的人生交給幾粒骰子的人，永遠不會是真正的贏家。

樂透彩風靡全台，不少人想用五十元搏一億。但是，靠十塊錢港幣起家，如今已是億萬富豪的澳門「賭王」，在總結他畢生奮鬥的人生經驗時，卻出人意料地說：「不賭為贏。」

這句話跌破眾人的眼鏡，賭王不賭，怎麼能成為贏家呢？

當初，賭王從香港前往澳門時，身上只剩下十元港幣。但是，他並沒有用這十元錢去賭自己的運氣，而是找一家貿易公司落腳。由於他吃苦耐勞，腦筋又動得快，很快就有了非常好的工作成績。

股東們看到他是個可造之才，便積極邀他入股成為合夥人。

賭王慧眼識商機，把澳門一些多餘物資，如小船、發電機等運往大陸販賣，再換取糧食運回港澳。當時正值兵荒馬亂，港澳嚴重缺糧，這一來一往，便獲得豐厚利潤。這種獨具慧眼、以物易物的交易方式，為他日後的發展奠定良好的基礎。

到了六○年代初期，賭王一生的轉捩點來臨。當時承包澳門賭業的一家公司合約期滿，當局登報公開招商。賭王看到這個千載難逢的發展契機，便竭盡全力參與競標；皇天不負有心人，賭王以高於對手僅八萬元的最小代價，獲得澳門賭業的專營權。

拿到賭業專營權，賭王並沒有就此高枕無憂地坐收漁利，而

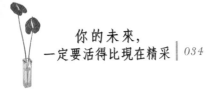
是絞盡腦汁，把賭業作為一項百年產業來經營。

為了廣開客源，他投資建造來往港澳的現代化輪船，又投資興建直昇機場和澳門機場，企圖吸引來自世界各地的遊客。

同時，賭王提出把旅遊與賭業結合，以賭業為龍頭，一口氣帶動全澳門的交通、旅館、餐飲全面發展。

他更一改過去賭場由江湖人士把持的傳統，重用懂得現代企業經營的知識分子，由他們擔任賭場各級管理階層，使賭業由中下層的行業逐漸往現代化、高級化、科技化的方向邁進。

你的未來，一定要活得比現在精采

俄國寓言作家克雷洛夫曾經寫道：「貪心的人想把什麼都弄到手，最後的結果卻是什麼都失去了。」

貪婪是一個無底洞，它讓人耗盡心機，只想投機，卻看不見眼前的危機。

「不賭為贏」，說得真好！那些把自己的人生交給幾粒骰子，試圖碰運氣的人，永遠不會是真正的贏家。

想要發財，或許你有兩條路，一條是賭博，一條是投資，你選那一條？

賭博全憑運氣，中獎機率比被雷劈到的機會還小，無論你嚐了多少甜頭，最後贏的永遠是莊家，而老天爺又是最大的莊家。如果一個人既無才也無德，又怎麼可能會平白無故受老天爺青睞？

至於投資，當然也需要一點運氣，但需要更多的是眼光；不只是投資事業，也是投資時間，投資青春，投資精力，所有的投資都只有一個目的，就是讓自己變得更好。

投資靠的是實力，它的前提是「不投機」。

PART 2

用幽默化解自己的窘迫

當你發送了一顆微笑因子，

傳達至每個人的心裡，

你會發現，只要還能笑得出來，

事情根本沒有那麼嚴重。

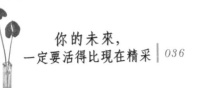
先認清方向再力求表現

力求表現的人很多，但是能夠顧全大局的
人卻很少，真正的英雄，不是強出頭的
人，而是默默支撐大局的人。

真正出眾的人，不一定具備最良好的技能和才華，但是，卻
一定具備相當的眼光與理想；在重要關頭，他不一定會跑第一個，
卻永遠能充滿自信地選擇最正確的方向跑。

一家大公司高薪禮聘司機，這個司機將負責為老闆開車，對
老闆的身家安全關係重大，不論人品、技術和化險為夷的本領都
相當重要。因此，由老闆親自擔任招聘的主考官。

徵才廣告刊登後，應聘者絡繹不絕，經過幾輪專業技術考試
和性向測驗，終於篩選出四個最優秀的人才。這四個人駕車技術
在伯仲之間，各項筆試的成績也難分軒輊。最後，老闆問每一位
應聘者這樣一個問題：「如果有一天你開車開到懸崖邊時，你最
多能開到多近才停止？」

第一個人當過汽車教練，自信滿滿地回答說：「我可以開到
離懸崖三十公分的地方停止，甚至更近一些。」

這對他來說只是雕蟲小技，他拍著胸脯保證。

第二個人從前是個賽車手，開車的技術十分高超，語氣輕鬆
地說：「我可以開到懸崖的最邊緣，保證既刺激又不會出任何問

題。」

第三個人當過軍人，回答也很特別，畢恭畢敬地說：「您希望我開多近，我就開多近，我的職責就是隨時遵從老闆的安排。」

好一個聰明又狡猾的答案！

第四個人想了想，很誠實地說：「老闆！我從來沒有開車開到懸崖邊，所以不知道我可以開得多近，但是我想，我應該會把車停在離懸崖最遠的地方，因為懸崖邊太危險了。」

第二天，招聘的結果出來了，第四個人被老闆高薪錄用。

你的未來,一定要活得比現在精采

生活中遇到的，諸如人際、慾望、工作、心靈等問題，與其說是一種困境，不如說是教我們做好一個「人」的生命練習題。只要從中明白了世事運轉的基本原則，就能知道何時該順勢而為，何時又該力圖改變。

成功的人往往不是那些才華出眾的人，而是那些知道輕重緩急，知道先認清方向再力求表現的人。

司機肩負著保護老闆的責任，當開車開到懸崖邊時，不是炫耀自己技術的時候，而是以老闆安全為重的時候。孰為本孰為末，相信聰明的你，一定能理解這個道理。

力求表現的人很多，但是能夠顧全大局的人卻很少，正因為如此，造成了整個社會金字塔的傾斜。真正的英雄，不是強出頭的人，而是默默待在幕後，用全身力量支撐大局的人。

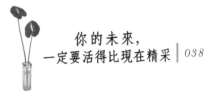
儘量滿足別人的願望

重要的不是結果，而是你對別人的那一分
心意；只要你給予的是別人所想要的，無
論多或少，感恩的心都一樣不會少。

你知道什麼樣的人最容易往上爬嗎？就是看見別人的需要，
然後盡力去滿足對方的人。

換個角度想想，如果有個人盡全力地想要為你達成願望，無
論他最後有沒有幫上忙，你難道不會深受感動？不會想用心回報
他嗎？

先達成自己的願望，就先滿足別人的願望！

當全世界的人都被你的心意感動，都將心比心地對待你時，
你想不往上爬也難！

豐臣秀吉是日本戰國時代權傾一時的霸主。他結束戰亂後，
地位在一人之下，萬人之上，很少人敢當面對他說個「不」字。

有一次，豐臣秀吉心血來潮，突然命令屬下做好準備，次日
一早隨他上山採蘑菇。雖然只是個簡單任務，但是他的那一幫部
下可都急壞了。當時炎炎夏日，早已過了採蘑菇時節，山上哪裡
還找得到蘑菇啊！但是，萬一不能讓大人得償所願，老虎一怒之
下大發雷霆，不知道又有多少人要遭到池魚之殃，那可不是開玩
笑的。

部下們徹夜難眠，絞盡腦汁，終於有一個聰明的人想出一條計策。他們到附近村落緊急收購一批蘑菇，利用整個晚上的時間把它們插到豐臣秀吉要去的山上；只見沿途滿山遍野都是新鮮蘑菇，看起來跟從泥土裡長出來的一模一樣。

第二天一大早，豐臣秀吉便帶著下屬們來採蘑菇了。

「啊呀！這蘑菇長得真好，沒想到現在還有這麼新鮮的蘑菇！」豐臣秀吉心花怒放，頻頻讚嘆道。

「其實，這些蘑菇是他們怕大人您採不到而降罪，昨天晚上連夜插上去的。」一個心腹在大人耳邊偷偷告密。

豐臣秀吉點了點頭，嘆了口氣說道：「別忘了，我也是農民出身的，怎麼會看不出來其中的蹊蹺呢！大家為了我的一點興致而辛苦了一夜，這分苦心，我相當明白，又怎麼會怪罪大家呢？為了表示我的感謝，這些蘑菇就分給你們去品嚐吧！」

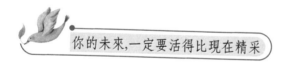

你的未來,一定要活得比現在精采

是什麼讓這隻容易發怒的「老虎」變得如此體恤人心呢？

聰明的下屬巧用心機，只為博得大人一笑而煞費苦心；這分苦心，正是對豐臣秀吉無聲的奉承，讓他明白自己的地位崇高，部下們甚至願意不擇手段來滿足他的願望，有部屬如此，夫復何求？想到這裡，豐臣秀吉的心裡自然會感到相當滿足。部下們雖然無法使這位沒有人敢對他說「不」的大人物放棄他不切實際的願望，卻也達到實際的讚美效果。

這則故事是要告訴你，只要盡力去滿足別人的願望，無論目標有沒有達成，你的汗水都不會白流；即使對方沒有實際的收穫，看在你如此絞盡腦汁的分上，也很難不被你打動。

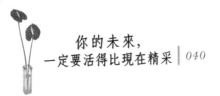

　　很多時候，重要的不是結果，而是你對別人的那一分心意；只要你給予的是別人所想要的，無論多或少，感恩的心都一樣不會少。

　　換個角度，就能找到出路。每個人都喜歡「被重視」的感覺，何不多花點心思，去重視別人到底要的是什麼呢？

用幽默化解自己的窘迫

當你發送了一顆微笑因子，傳達至每個人的心裡，你會發現，只要還能笑得出來，事情根本沒有那麼嚴重。

無論發生任何困難，歡笑永遠是最有效的解藥，套句政治人物常用的話：「有這麼嚴重嗎？」

是的，凡事都沒有你想像中那麼嚴重；只要還懂得笑，還可以保持一分喜樂的心情，再怎麼嚴重的大事，都可以變得雲淡風輕。

當年雷根總統執政時，有一次在白宮舉行鋼琴演奏會，招待貴賓。

正當雷根總統在致辭時，總統夫人南西一個不小心，連人帶椅子由舞台上跌到台下。全場來賓都站起來驚呼，有的人顧著看熱鬧，有的人急著上前關切總統夫人的傷勢。

還好，地上鋪了一層厚厚的地毯，南西以優雅的舉止掩飾自己的疼痛，立刻靈活地站起來，重新回到舞台上去。

觀眾又疼惜又佩服，以熱烈的掌聲為她打氣。

中斷了演講的雷根總統，確定夫人沒有受傷後，清了清喉嚨說：「親愛的！我不是交代過妳，只有在觀眾忘了給我掌聲時，妳才需要做這種高難度的表演嗎？」

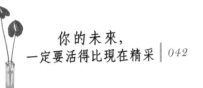
台下掌聲如雷，雷根總統成功地把夫人「不小心的意外」美化成「娛樂觀眾的表演」，大家對雷根總統的幽默留下深刻的印象。

又有一次，加拿大總統杜魯道邀請雷根總統到加拿大訪問。

正當雷根總統在多倫多的一處廣場上演講之時，遠處有一群示威遊行的民眾，不時高呼著反美口號，這群人罵聲隆隆，噪音震天，使得雷根總統的演說無法繼續下去。

這種場面讓杜魯道總統十分尷尬，貴賓遠道而來，「歡迎」他的竟然是這種場面；杜魯道總統恨不得能馬上挖個地洞鑽，頻頻向雷根總統表示歉意。

沒想到雷根總統卻說：「這種情況在美國比比皆是，屢見不鮮。這群人一定是從白宮前面一路隨我來到這裡的，他們是想讓我有賓至如歸的感覺，覺得來到這裡就像是回到家裡一樣。」

這麼一句話，輕鬆地化解了杜魯道總統的尷尬。

你的未來,一定要活得比現在精采

一個人能不能創造出一番成就，能不能戰勝逆境，關鍵往往在於是否懂得轉換角度，用幽默的態度面對眼前讓自己難堪的事。

雷根總統用幽默來化解危機，那你呢？

我們沒有古今名人的聰明機智，也沒有政治人物的無礙辯才，但是我們有嘴巴，也有表情。即使沒有妙語如珠的臨場反應，我們仍可以用微笑來表示我們的不介意，甚至哈哈大笑來取代場面的尷尬；就算你自認口才不好，笑一笑你總該會吧！

人與人之間什麼都很容易擴散，當你發送了一顆微笑因子，沒蓋你，這顆微笑因子馬上就會散佈到空氣中，傳達至每個人的心裡。你會發現，只要還能笑得出來，事情根本沒有那麼嚴重。

充滿自信就能抓住人心

企業經營看似複雜，說穿了也不過是處理
另一層人與人的關係。只要以人為前提，
老闆和員工也可以是最好的夥伴。

什麼樣的公司最能抓住員工的心呢？

現代年輕人提出「事少、錢多、離家近」的三大原則，但是，
真的遇到那樣的公司，你覺得它會有多少前途呢？

真正好的公司，是即使「事多、錢少、離家遠」，大家都仍
願意為它貢獻心力的公司。

星期六下午，所有員工都休息度假去了，美國休帕公司的老
闆卻悄悄地在工廠裡巡視。

他發現那裡的實驗庫房區上了鎖，便跑到維修部門，找來一
把螺絲起子，把庫房門上的鎖撬下來。

星期一早上，上早班的人在庫房門上發現一張字條，上面寫
著：「永遠不要把這道門鎖上，謝謝！」

工廠裡人來人往，實驗庫房是何等重要的地方，豈能容許別
人隨意進出，為什麼不要上鎖？

其實，這正是休帕公司不同凡響的一種表現，老闆把自己對
員工的信任充分表現在「實驗室庫房開放政策」上。

公司的工程師不僅可以自由出入庫房，取用所需的物品，而

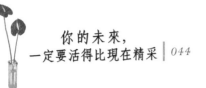

且還鼓勵他們把零件帶回家使用。

老闆說，不管他們拿這些零件或設備去做什麼，不論和他們的工作有沒有關係，只要他們願意花時間在這些零件和設備上，為公司也好，為家裡也好，他們總會學到一些東西，從而加強對公司技術的革新能力。

這一項政策，正是根據他們「以人為中心」的經營哲學。

只要加強全體員工對公司的參與度，大家便能以公司及自己的部門感到自豪。即使在休息的時間，大家互相討論的仍是對公司產品提升的看法。

每一個人都以公司為自己第二個家，如此還怕員工們不盡心盡力，公司不日漸茁壯嗎？

當七〇年代面臨經濟大蕭條時，老闆更是以身作則，從自己到底下的基層員工，由於大家都少了十分之一的工作量，因此每個人的薪水也減少十分之一。

他們沒有解僱一個人，也沒有一個人提出辭職，彼此犧牲奉獻、合作無間的精神表達無遺。

後來，經濟學家把這種「培養團隊精神，以人為核心」的經營哲學稱為「休帕法則」。休帕公司的老闆說：「這些方式雖然聽起來有些陳腐，但是我們由衷地、誠心誠意地相信這種哲學。」

你的未來,一定要活得比現在精采

一個人對事物的偏狹看法，就像是內心有著一張充滿黏性的蜘蛛網一樣。這張網會不斷地纏住自己的腦袋和眼睛，把所有錯誤的看法集中到自己的日常生活之中。

在競爭激烈的不景氣年代，不論企業或個人，想讓自己找到

出路，就必須換個角度看事情，改變那些一成不變的守則。

　　再多的經營守則，再多的領導方略，也不如一句「以人爲本」那樣的深得人心。企業經營看似複雜，說穿了也不過是處理另一層人與人的關係。只要以人爲前提，把利益殿後，老闆和員工也可以是最好的夥伴。

　　社會是一個圓，你付出了什麼，你也就會得到什麼；好的開始通常能導致好的結果。只要一路上，你都本著一顆歡喜心，歡喜做、甘願受，哪還有不成功的道理？

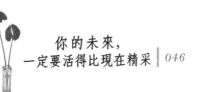

互助，才有更寬闊的出路

人類能夠有今天，全是因為互助合作；既然你不可能一個人存活在這個世界上，那為什麼不好好地對待身旁的人呢？

比起其他動物，人類最值得驕傲的地方在哪裡？

是我們食衣住行等物質文明的發達嗎？

是我們能言善道的說話本領嗎？

是我們爾虞我詐的機智嗎？

底下這一則故事將要告訴你，人類最值得驕傲的，其實正是我們最容易忽略的地方。

有一天，老虎和猴子聚在一起聊天。

老虎對猴子說：「聽說人類是你們猴子變的，但是，我奉勸你，千萬不要變成人。」

「為什麼？」猴子百思不解：「人類的衣食住行，樣樣都比我們強，我們這些猴子啊！最大的願望就是能夠變成人呢！」

「真是笑話！」老虎大吼了一聲，說道：「人類哪一點比得上我？就說吃的吧！人類吃生的怕拉肚子，只吃肉又嫌油膩，吃少了會營養不良，吃多了又怕發胖。」

「這麼說來，真是有道理，人類在『食』的方面真的不如你。」猴子佩服地回答，接著問道：「那麼衣服呢？人類可以穿

好多漂亮的衣服，誰說他們不如你啊？」

「那是因為他們天生就全身光溜溜的，沒有穿衣服的話一定會凍死。」老虎冷笑著說。

「說得太好了！」猴子忍不住鼓起掌來：「但是，人類有自己的房子啊！我曾經聽長老們說過，人類建造的房子又堅固又牢靠，而且住起來很舒服呢！」

「舒服個屁！他們的水泥洞，幾十家共用一個大門，有什麼好的？」老虎馬上反駁道：「舉個例子吧！我聽說人類的大樓失火，一死就是幾十人；住在下層的怕淹水，住在上層的怕地震，住在中間的又怕飛機攻擊。我們老虎住在森林裡，唯一要擔心的只有森林失火。但是，數百年來，你總沒聽說過森林大火時，有老虎被燒死在洞裡吧？」

「對對對，還是你們老虎高明。」猴子讚嘆道：「但是，沒見過你們老虎開汽車呀？」

「那是因為人類的體質差，跑不快，又跑不遠。什麼奧運選手，靠！那點速度也能得到冠軍！怎麼跟我們老虎比啊？人類是因為自己的體力不夠，才不得不開車的。而且，開車多麼麻煩啊！機器故障了不能開，油用完了不能開，路況不好也不能開，而且到了目的地還要到處找停車位。我的四條腿就比汽車好用多了！」

「對，對……」猴子一連說了幾十個對，佩服得五體投地。

就在這個時候，遠處突然傳來幾聲「砰砰」的槍聲。

「糟了！人類來了，我得趕快跑了，改天再聊。」說完，老虎一溜煙兒鑽進了樹叢裡。

「喂！」猴子大聲喊道：「你不是說人類處處都不如你嗎？」

「是啊！他們是不如我，但是他們懂得互相幫助，團結合作啊！」老虎的聲音隱約傳來。

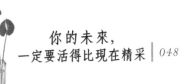

你的未來,一定要活得比現在精采

　　面對問題的時候，我們總是習慣站在自己的角度，堅守自己的立場，殊不知這種做法非但無法達成目的，而且還會陷入僵局，引發各種無謂的爭執和糾紛。

　　不管在工作上或生活上，每個人都必須學著互助合作解決問題。

　　誠如這則諷刺寓言所說的，如果人類不懂得互助合作，那麼所有的本事就連一隻老虎也不如。

　　人類本身並沒有過人之處，只是因為能集合眾人力量，累積古聖先賢的智慧，因此才能征服飛禽走獸，榮登萬物之靈的寶座。

　　人類之所以能夠有今天的高度文明，全是因為互助合作而來的，團結力量大；既然我們都不可能單獨一個人存活在這個世界上，那為什麼不好好地對待身旁的人呢？

與其悲觀、樂觀，不如保持客觀

當事情的演變不在你控制範圍之內，不如靜觀其變，當你的思慮越清明，煩惱也就會變得益發淡薄了。

大家都知道悲觀的人不足以成事，那麼，樂觀的人呢？

我們經常提醒別人要以樂觀的態度面對人生，但有些時候，太過樂觀反而會適得其反。

無論是悲觀或樂觀都未必妥當，最好的處世方式，還是客觀。

在西方流傳著這樣一個故事。

一百年前，一艘大輪船觸礁後，又在海上漂泊好幾天，眼看糧食就要耗盡，但是仍不見其他船隻的蹤影。得救的希望渺茫，船上的人心惶惶，大家都暗自禱告，心裡十分著急。

這時，一個悲觀的船員終於受不了內心煎熬，完全陷入絕望之中。

他驚恐萬分，總是不斷地在甲板上高聲叫嚷：「這下子我們大家全完了，誰也活不成，我們早死晚死都是死，遲早會沉到海裡去餵魚，我真不甘心啊……」

這名船員整天抒發自己的恐懼情緒，卻搞得人心惶惶，全部人都陪著他一起陷入不安當中。

這樣的表演一天總要出現好幾次，終於引起公憤。部分船員看不慣他這種妖言惑眾、擾亂人心的做法，趁著一天深夜，七手八腳

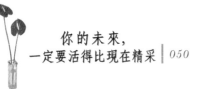

地把他丟進大海，並且對他說：「就由你第一個下海去餵魚吧！」

這名悲觀者死後，船上並未得到預期的平靜，因為這時又出現一位太過樂觀的人，取代悲觀者的位置，重拾起喋喋不休的鼓譟，只不過，他叫嚷的話題樂觀多了。

他說：「我們一定會得救的，因為我們還剩下幾十塊餅乾，每一塊餅乾可以維持一個人一週的生命，我們絕對不會餓死，一定可以撐到其他船隻來救我們……」

船員們發現，聽這種樂觀的鼓譟更糟糕，他只不過提醒其他人目前窘迫的處境，對建立信心毫無幫助。於是，他們也找了一個恰當的時機一起動手，把這名樂觀者也丟進海裡。

從此以後，輪船恢復寧靜。沒有那兩個討厭的傢伙，大家心平氣和地等待救援。在大家心照不宣都快支持不下去時，輪船總算得救了。

你的未來,一定要活得比現在精采

用悲觀和樂觀來看世界，這兩種態度都很虛無，而且常常做出「置身事外的局勢評估」，根本於事無補。

作為一個置身事內的人，你沒有必要為還沒發生的事情下定論，你只能「務實地」尋找週遭已經出現的跡象，然後期望其中較好的新芽越長越茁壯。

當事情的演變不在你控制範圍之內，不要急著張望未來的發展；與其盲目的樂觀或悲觀，不如以冷靜的態度靜觀其變，當你的思慮越清明，煩惱也就會變得益發淡薄了。

調整好自己的心態，建立充分的自信，客觀審視事情的發展，將有助於你走好往後的人生旅程。

改變容貌不保證改變人生

有許多比你醜的人都能接受自己的樣貌，為什麼你這麼急於改變？也許你可以改變容貌，但是你能改變自己的人生嗎？

每個人都希望自己是俊男美女，最低限度也要是個「無印良品」，或是「高貴不貴」的金童玉女。但是，世界上卻不一定有這麼好的事，我們無法選擇自己的長相，我們只能儘量去接受，儘量喜歡自己的樣貌，反覆地說服自己：這就是我。

藝人凌峰紅遍兩岸三地後，鼓舞了不少其貌不揚的人。

有一回，凌峰接受一個電視節目的邀請，當節目主持人侯玉婷介紹他出場時，只見他摘下帽子，露出招牌光頭，向觀眾深深一鞠躬後開口道：「各位朋友大家好！在下凌峰。」

語畢，凌峰轉身向主持人說：「侯小姐！我很幸運又見到妳，而妳是很不幸又再見到我了。」

氣氛一下子變得熱絡，主持人笑了笑，立刻回答：「哪裡哪裡！請您談一下作為一個名節目主持人，有什麼感想好嗎？」

凌峰認真地想了一會兒，面向觀眾說：「我覺得我的先天條件要比別人好，許多男性觀眾只要看到我，就會覺得自命不凡，」這時台下響起熱烈的掌聲和笑聲，凌峰接著說：「你們看看，那些正在鼓掌的人，都覺得自己長得比我帥！」

觀眾反應更為熱情了，等到觀眾的情緒稍微緩和下來，凌峰繼續說：「我天生的好條件不只如此，就拿我的長相來說吧！我是生長在台灣的山東人，南人北相，所以南北通吃；而且我看起來一臉滄桑，打從幾十年前就長成這副德行了，似乎中國五千年的苦難都寫在我的臉上，所以只要是中國的同胞都非常歡迎我。」

主持人問：「中國這麼大，難道沒有例外的嗎？」

凌峰充滿自信，幽默地回答：「連少數民族都喜歡我，蒙古人喜歡我是因為我和他們一樣是單眼皮。西藏人喜歡我，雖然我和西藏人的信仰並不同，但是妳看，我這個長相，再披上件袈裟，像不像一個西藏喇嘛？」

全場觀眾大笑，那一集節目創下同一時段最高的收視率。

你的未來，一定要活得比現在精采

近年來，人工美女盛行，整型風潮當道，許多人對自己與生俱來的樣貌，從「不喜歡但是要接受」演變成「不喜歡就去改變」。整型成為一種流行，卻引發更多問題：你是不喜歡你的臉，還是不喜歡你自己？有許多比你醜的人都能接受自己的樣貌，為什麼你這麼急於改變？也許你可以改變自己的容貌，但是你能改變自己的人生嗎？

常常聽到一句話：「人的美醜不在臉上，而在內心。」

這句話本來是在強調內在美的重要，但是在今時今日，這句話卻有更深一層的意義：如果你喜歡自己，即使樣貌平庸也會變得容光煥發；萬一你缺乏自信，就算美若天仙，也只是一朵毫無朝氣的小花。你的樣子，不在於你眼耳口鼻的位置，而在於你看待自己的角度。

要把自己的誠意表現出來

有些話，即使再怎麼支吾結巴也要講出來，不講出來，別人永遠不知道你的心意，誤會往往就是這樣造成的。

笑是人的優良本能，也是人際關係中最好的調劑。

然而，不是每件事都憑著一味地傻笑就能過關的，總要在適當時補上幾句得體的話，你的笑容才會顯得更有誠意！

下面是一則笑話，告訴你那「幾句話」的重要。

有一天，老陳的老同學到家裡來拜訪，二個人多年不見，便在客廳裡天南地北地聊著。話匣子一開就沒完沒了，不知不覺已經到了晚餐時間。老陳五歲的小兒子跑進來，趴在爸爸的肩膀上咬耳朵。

老陳和朋友聊得正高興，看到兒子這麼沒規矩的行為，大聲訓斥道：「真沒禮貌！當著客人的面咬什麼耳朵？爸爸不是告訴過你，做人要坦蕩蕩，有什麼話不能明講的！」

小兒子受到爸爸的訓斥，只好乖乖聽話，順從地說：「媽媽要我告訴你，家裡沒有菜，不要留客人吃飯。」

一時間，兩個大人都當場楞住了。即使朋友原本就沒打算留在老陳家吃飯，但是聽了這番話也難免不悅；彷彿在下逐客令似的，多尷尬的場面，這下子怎麼解釋啊？

　　還好老陳足智多謀，腦筋一轉，伸出手來，在兒子的小腦袋上輕輕打了一下，然後說：「你這個小笨蛋！我不是告訴過你，只有隔壁囉唆的王大嬸來時，才要跑過來說這句話嗎？你怎麼搞錯了？」

　　如果老陳當時只是尷尬地傻笑，甚至伸手搔了搔頭，老朋友也許不會在意，但是還好意思繼續待在老陳家裡嗎？

　　識相的話，一定先找個藉口告辭，而且以後再來拜訪老陳，就算心裡不存芥蒂，也會刻意挑個「適當」的時間。多年的朋友彼此間相處變成要小心翼翼，這是多麼可惜的一件事！

　　也許，你不能像老陳一樣補漏洞補得這麼圓滑，但是，也總該有一些適時的善意表示。凡是明眼人都看得出來，這個孩子只是在為母親傳話，根本沒有搞錯什麼，但是你多講了那幾句話，代表的正是你的誠意。

　　告訴別人不要在意，一個心情的轉彎，感受就全然不同了。

　　有些話，是省不得的，即使再怎麼支吾結巴，再怎麼冷場怪氣，也要適時地講出來。倘使你不講出來，別人永遠不知道你的心意，彼此之間的誤會往往就是這樣造成的。

看到真相之前，不要妄下判斷

在看到事情真相之前，請不要強加判斷。萬一判斷錯誤，很有可能會弄巧成拙，變成真的。

世界就像一面鏡子，你怎麼看別人，別人就會怎麼看你。

不要埋怨別人對你不好，當你有這種想法時，你又怎麼會對他好呢？惡性循環，難道你自己一點責任都沒有嗎？

剛從公司加完班的阿德走在一條小道上。這是一條相當偏僻的小道，平時人煙稀少，今晚夜黑風高，四周更是一片漆黑，附近沒有任何商店，經過的車輛也少之又少。

阿德走著走著，突然不遠處迎面走來了一群人，深具危機意識的阿德忽然感到害怕。他想：「這個地方鳥不生蛋的，平常人沒事來這裡幹嘛？眼前的這群人一定是暴徒，或是強盜，搞不好還是毒販；四下無人，就只有我自己，我該怎麼辦？」

為了掩人耳目，阿德翻過附近的一道牆。牆的另一面是一塊墓地，阿德找一個可以藏身的角落就躲了起來。

他深呼吸幾口氣，企圖讓自己冷靜下來。腳步聲越來越近，阿德的心跳也越來越快；他不禁閉緊眼睛，告訴自己：冷靜點，只要這些人過去，就可以平安回家了。

但是，那批人的腳步卻突然停下來，接著傳來的是一陣翻越

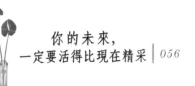
牆頭的聲響。完蛋了，他們一定是見我越過牆頭，所以才跟著過來。阿德緊張得不敢呼吸，更加肯定自己的推測沒有錯。

阿德內心滿是恐懼，那幫人是一群危險人物，現在他們正在找自己，一旦被發現了，他們有可能會殺人滅口的。但是身處險境的阿德完全束手無策，只好全憑運氣了。

不久，那群人發現了阿德；他們揪住阿德的衣領，阿德以為自己死定了。沒想到那些人卻問他：「你在這裡幹什麼？為什麼要翻牆？你是不是做了什麼壞事？是不是通緝犯？」

阿德一看，發現他們只是一群十七、八歲，還背著書包的學生，終於鬆了口氣。他笑著對他們說：「看！你們問我為什麼在這裡，我還想問你們為什麼在這裡呢！你們在這裡是因為我，而我在這裡也是因為你們哪！」

你的未來，一定要活得比現在精采

美國作家愛默生曾經說：「一個人抱持怎樣心態，他就是怎樣的人；一個人表現出怎樣行為，他也就是怎樣的人。」

對週遭環境所抱持的態度，正是一個人最好的寫照，如果你想改變自己的處境，那麼就要先改變你的態度。

人的恐懼、猜疑、不幸往往不是因別人而起；許多事情的始作俑者，其實正是你自己。

你越是這麼想，意識波越強，你的想法也就越容易成為事實。

不管你用什麼眼光看待別人，回應你的，當然也是這種眼光。好的可能會更好，壞的只會更糟。

所以，在看到事情真相之前，請不要強加判斷。萬一判斷錯誤，很有可能會弄巧成拙，變成真的。

PART 3

找不到方向，
就會暈頭轉向

很多時候，我們盲目地尋找解決之道，

卻忘了最大的問題不是答案在哪裡，

而是什麼才是真正的問題。

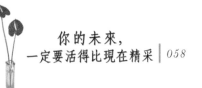
信心來自於細心

不要忽視別人任何一絲反應，最重大的真
相，往往都從最細微的反應中觀察出來。

每個人都是對方的一面鏡子，在別人身上投射出自己的樣子。

愛因斯坦就曾根據這個觀念，設計一題智力測驗，考驗你的
智力，也試探你對人性的了解。

有一個土耳其商人，想要僱用一名得力助手，選了老半天，
他從眾多應徵者中挑選出兩位佼佼者，一位是張三，一位是李四。

為了判定這兩個人到底誰是比較聰明的那一個，這位土耳其
商人便讓張三和李四同時進入一間沒有窗戶的密閉房間，房裡除
了擺在地上的一個盒子，完全空無一物。

商人指著地上的盒子，對這兩個人說道：「盒子裡有五頂帽
子，其中兩頂是紅色的，三頂是黑色的。待會我把電燈關上後，
我們三個人要摸黑從盒子裡，一人摸出一頂帽子戴在頭上；戴好
帽子並打開燈之後，你們要迅速地說出自己所戴帽子的顏色，哪
一位最先說出正確答案，我就聘請他作為我的助手。」

燈關上了又打開之後，張三和李四都看到土耳其商人頭上戴
的是一頂紅色的帽子；二個人互相看了看對方，都遲疑地不敢說
出自己頭上的帽子是什麼顏色。

忽然，李四靈光乍現，大叫一聲：「我戴的是黑色的帽子！」

李四因而得到這分夢寐以求的工作。

想想看，李四眼睛又不是長在頭頂上，他是如何得知答案的呢？

原理其實很簡單，土耳其商人頭上戴的是紅帽子，那就表示還剩下一頂紅帽子和三頂黑帽子。如果對方頭上戴的也是紅帽子，不就可以馬上推知自己所戴的是黑帽子？

但是，當兩人看到對方的帽子時，卻都遲疑著不敢開口。李四由此得知，張三的遲疑一定也和自己有相同的理由，如果自己頭上戴的是紅色帽子，張三又怎麼會遲疑呢？

因此，李四從對方的反應中得知正確答案。

你的未來,一定要活得比現在精采

不要忽視別人任何一絲反應，因為最重大的真相，往往都是從最細微的反應中觀察出來。

人是最擅長偽裝的動物，但偏偏人內心深處的真實想法，卻常常不經意地透過肢體動作表現出來。

從肢體語言，我們可以迅速研判出對方是怎樣的人，只要多加觀察週遭人物的肢體動作，久而久之就能推測出他們最真實的心理狀態。

愛默生曾說：「當眼睛說著一個意思，而舌頭說著另一個意思，有經驗的人會相信眼睛表達出來的意思。」

反過來說，會出賣你的，也通常是你自己最細微的小動作。

智慧的累積靠的不是天分，而是細心，當每一件小事都能成為你的課本，你還擔心自己學不到東西嗎？

失去理智就會原形畢露

對付鬼祟的小人，你不必和他針鋒相對，
只要藉機製造恐慌、憤怒，或是得意忘形
的感覺，對方自然會原形畢露。

聰明的人都知道，千萬不要和小人正面衝突；有時教訓對方
不成，還很有可能被反咬一口，留下無窮的後患。正面衝突的代
價太大了，對付「非常小人」，需要運用一些「非常手段」，才
能神不知鬼不覺地除之而後快。

一位科技公司的總經理，長期以來，一直懷疑採購部門的主
管和國外一些原料的廠商互相勾結，因為，他發現公司採購回來
的原料不僅比別家貴，品質也遠遠不如別家好，裡面一定大有問
題。

雖然總經理直覺感到不對勁，但是又沒有確實的證據可以糾
舉，直接去問當事人，只會打草驚蛇。要是他來個死不承認，別
人又能拿他怎麼樣呢？

一天早上，該採購主任才剛進到辦公室，準備開始工作，但
是，當他打開抽屜，沒多久便匆匆忙忙帶著公事包外出。接下來
的幾天，他都沒有出現在辦公室。

按照公司規定，如果員工曠職多日，公司可以「曠職未到」
為理由，予以解聘。奇怪的是，總經理對這位員工的失職非但不

生氣，還笑著將大筆一揮，在人事部呈上來的公文上批了「曠職解聘」這四個斗大的字。

這到底是怎麼回事呢？

原來，那天早上，採購主任一上班，便在自己的抽屜裡發現一封從國外寄來的不具名限時郵件，信上寫著：「事跡已經敗露，請小心。」

接著，他發現自己的文件有被人搜過的跡象，文具擺設的位置也與先前不太相同；當他抬起頭來，又心虛地覺得總經理不時投過來懷疑的眼神，而且還經常找機會在自己桌子前面走來走去。

東窗事發了，還是先溜為上，採購主任心一慌，就趁著大家不注意時，抓了公事包故作鎮定地往外跑，什麼也沒帶走。

事後，當他冷靜下來，想要和國外廠商求證是誰發的信，也因為缺乏資料而無法聯絡了。

至於那封郵件到底是誰寄來的？

看看總經理詭譎的笑容，你應該明白了吧！

你的未來,一定要活得比現在精采

在這個爾虞我詐的商業社會裡，奸巧和權謀並不少見。不論做什麼事都要多留一點心眼，千萬別天真地以為別人口中的「好」就一定你認為的「好」，否則，當你被出賣、被陷害時候，就只能欲哭無淚了。

尤其是經營事業之時，更要步步為營，半點也馬虎不得。

英國知名童話作家王爾德說過：「人是理智的動物，只有在失去理智時，才會說出真話。」

對付鬼祟的小人，你不必和他針鋒相對，只要藉機製造恐慌、

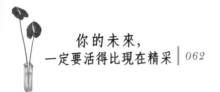
憤怒，或是得意忘形的感覺，對方自然會失去理智，原形畢露。

因此，雖然我們不必做小人，也要以此為戒，當事情不太對勁，或是看到別人虎視眈眈的眼神時，可別先急著「自曝馬腳」；不妨冷靜下來，從長計議。

算計你的固然是別人，但是最後出賣你的卻往往是自己。

小心掉入聲東擊西的陷阱

防人之心不可無,當勝利白白送上門來
時,可別以為自己佔了便宜;別忘了,只
有最後勝利的人,才是真正的贏家。

有一種戰略,叫做「聲東擊西」,當敵人建議你抬頭望望藍
天時,其實只是想讓你忽略地面上的風吹草動。

因此,不要輕信敵人所露出來的「破綻」,那可能只是為了
讓你不疑有他的「陷阱」。

挪威名劇作家易卜生年輕時,曾經非常熱衷工人運動。

有一天,當他正在替工人運動寫一些秘密的聯絡信函時,忽
然有一群警察包圍了他的住宅;吶喊聲夾雜著咚咚的敲門聲,讓
人聽了膽顫心驚。

眼看著警察就要破門而入,就算現在把這些機密文件燒掉,
恐怕為時已晚,反而會不打自招,該怎麼辦呢?易卜生心想:「若
是警察進來,一定會到處搜索,藏起來也不是辦法。」於是,他
強作鎮定,思索如果自己是警察,碰到這樣的情形會怎麼做,便
以和警察相反的思考迅速展開行動。

易卜生將所有重要的機密文件,都一一揉成小紙團後,隨意
散置在桌椅下、廢紙簍裡,再把一些無關緊要的文件,藏在床底
下隱密的一個小盒子中。準備就緒後,易卜生假裝睡意朦朧地去

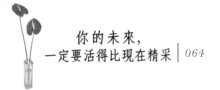

把大門打開。

門一開，警察便衝進來，四處翻箱倒櫃。易卜生假裝驚魂未定，十分惶恐地朝著床底看了幾眼。這些經過嚴格訓練的警察怎麼可能錯過他的眼神，立即改變策略，轉而搜索床底下的每個角落，然後得意洋洋地拿走大批無用的文件，也順便帶走易卜生。

當警察們歡天喜地慶祝人贓俱獲時，易卜生正等著看好戲；他想像著警察們發現那些無用的文件後，從雲端掉到谷底的可笑模樣！

若是警察在床底下找出那些文件後，願意多花幾分鐘時間檢閱一下，也不至於搞出這麼個大烏龍了！

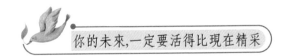

你的未來,一定要活得比現在精采

在人生的各項競爭中，是否具備聰明才智，往往是決定勝負的關鍵。

因此，平常就得經常鍛鍊自己的腦力，讓才智像太陽一樣發光，如此它才可能成為你克敵致勝的秘密武器。當事情陷入膠著狀態，你必須用點心機，才能讓它朝自己希望的方向發展。

越明顯的證據，反而越有可能是沾了蜜糖的毒藥，對方讓你輕易得逞，為的只是阻止你進一步的攻擊。

防人之心不可無，當勝利白白送上門來時，可別以為自己佔了便宜；別忘了，只有最後勝利的人，才是真正的贏家。

不要被別人的情緒牽著走

片刻的惱怒往往使人瘋狂，這時若是你讓情緒控制了自己，那麼，你就失去掌控全局的主導權。

一對父子搭火車出外旅遊，途中有位查票員來驗票，情急之下，父親到處找不到車票，使得查票員口出惡言，怒目相向。

事後，兒子問父親，「剛才為什麼不還以顏色呢？」

父親笑著回答：「如果這個人可以忍受他自己的脾氣一輩子，我為什麼不能忍受他幾分鐘呢？」

有一位著名的偶像男歌星，以渾厚低沉的嗓聲和英俊瀟灑的外貌風靡一時，令許多海內外的歌迷都十分為他傾倒。

有一回，偶像歌星到外地演唱三天，每天早上，他都會接到飯店服務生送來的鮮花，這些鮮花、禮物、卡片對偶像歌星來說已是習以為常，除了無比的感激之外，他並不以為意。

沒想到演唱會結束的隔天，當他在餐廳用完早餐準備到櫃台辦理一些手續時，迎面突然來了一個面紅耳赤的男人，握緊雙拳對他大喊：「你是什麼東西？居然搶別人的老婆……」

男人說了一連串不堪入耳的粗話，大廳裡的賓客冷眼旁觀、議論紛紛。偶像歌星則感到莫名其妙，心想追求自己的女人不計其數，他有必要去勾引別人的老婆嗎？

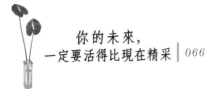

偶像歌星等待男人冷靜下來，一問之下才發現，原來這個男人的妻子，就是每天早上送一大束玫瑰給他的女歌迷。

這名粗魯的男人罵上了癮，不但越說越激動，還動手拉扯偶像歌星的衣袖，糾纏不休。飯店警衛看到這種情況，急忙趕了過來，試圖將這個男人拉開，但是卻被歌星伸手制止了。

歌星微笑著對這個怒氣沖沖的男人說：「這樣好了，我們先靜下心來，上樓到房間裡聊聊吧。」

「去就去，我還怕你不成！」男人氣呼呼地回答。

兩人進到了偶像歌星的房間，房門一打開，房間裡竟然四處擺滿了鮮花，連廁所的角落都不放過。

這時，偶像歌星無奈的聳聳肩，說道：「你說吧，哪一束是你老婆送的？我還給你。」

你的未來，一定要活得比現在精采

科爾頓有句名言：「我們憎恨那些人，是因為我們不認識他們；而我們永遠也不會認識他們，因為我們憎恨他們。」

片刻的惱怒往往使人瘋狂，這時若是你讓情緒控制了自己，那麼，你就失去掌控全局的主導權。

大聲的人未必有理，發怒對事情也沒有什麼幫助。不要被別人的情緒牽著走，否則你只會步上他們的後塵；不管遭受到多麼不合理的待遇，能夠控制自己情緒的人，才有道理可言。

世間的是非只為多開口，煩惱皆因強出頭，充滿自信的人因為能控制自己的情緒，忍耐一時的衝動，因此他們的人生旅程，比暴躁易怒的人少了許多狂風暴雨的侵襲。

努力地往前看，因為未來就在前方

只要我們懂得珍惜殘缺人生中難得的擁有，那麼不管我們歷經多少不幸，我們都能感受辛苦中的甘甜滋味。

不斷地回想過去，我們能改變多少已發生的事實呢？

反覆地抱怨昨天的是是非非，事情又有多大的扭轉空間？

生活只有不斷地往前進，沒有太多的後退空間，我們唯有面對未來，努力地往前踏進，然後才能扭轉昨天鑄成的錯誤。

有兩個背景相似的亞洲孤兒，分別被歐洲人收養，在養父母悉心照顧下，他們不僅接受了完善的教育機會，更有安穩且幸運的未來。

但是，無論上帝給予人們多少的機會，總是會有人感到不滿足。這對幸運被收養的孤兒，如今都已來到中年，一個是位四十出頭的成功商人，另一位則是在校園裡教書。

有一天，兩個老朋友相約聚餐，在燭光下，他們很快地便進入外國生活的話題，然而不久之後，那位老師卻又進入了記憶裡的悲傷角落。

他回想著自己：「想起養父母當初帶我到遙遠的歐洲來，心中的孤獨有多少人知道，我是個可憐的孤兒，這段過去讓我十分痛苦。」

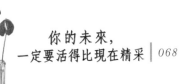

隨著他的怨氣越來越沉重，同是孤兒的商人朋友不禁感到厭煩，於是忍不住揮了揮手說：「夠了，你說完了嗎？別一直說自己的不幸，你有沒有想過，如果當初養父母在上千位孩兒中挑中別人，今天的你會在哪裡？」

這位老師不以為然地說：「你知道什麼？我不開心的原因是在……」

接著，他又將過去不公平的待遇再次陳述了一次。

商人朋友聽完後，搖了搖頭說：「我真不敢相信你到現在還這麼想，記得我二十五歲時，也像你一般，無法忍受周遭一切人事物，而且痛恨世界上的每一個人。總之，那時好像所有的人都故意要與我作對一般。在傷心且無奈的情緒下，我每天都極其沮喪地過日子，那時的我和現在的你一般，心中充滿了怨懟與仇恨。」

「但是，那又如何？」商人輕輕地吸了口氣，接著又說：「幸好，我很快地找到了喘息的空間，我想勸你，別在那樣對待你自己了！認真地想一想，其實我們很幸運，至少你沒有像真正的孤兒那般悲慘一生，看看你自己，接受了那麼多的教育機會，也得到了那麼好的生活資源，這些擁有難道不足以讓你感到滿足與珍惜嗎？」

商人緩了緩自己的情緒後說：「我們現在有許多該做的事，首先是，不再自怨自艾，不再找藉口哭泣，而是要積極地幫助與我們遭遇相同的孤兒們，也能像我們一般，擁有自己的天空，也擁有幸福的明天。還有，只要你能擺脫顧影自憐的情緒，你便會發現自己有多麼幸運，然後你也會像我一般，獲得你想要的成功結果。」

教師聽見商人朋友直斥自己之非，心頭確實一震，卻也因此

震醒了他幾十年來的錯誤心態。

當友人打斷他悲慘的回憶同時，他也搬開了生活中的大石頭。

只見身為教師的他，認真地點了點頭，說：「嗯，我明白了！我確實該重新選擇明天要走的路。」

你的未來，一定要活得比現在精采

沒有人能擁有十全十美的生活，但是只要我們心中充滿了十全十美的「滿足感」，那麼我們便已經擁有最富裕的人生了。

讀著故事中兩個人的生命態度，我們也領悟出一件事：「生活的幸福感是自己給自己的。」

只要我們能像知足的商人一樣，懂得生命中無法完美的另一種美，也懂得珍惜殘缺人生中難得的擁有，那麼不管我們歷經多少不幸，我們都能感受辛苦中的甘甜滋味。

當商人認真地糾正教師的心態，糾正他錯誤的埋怨情緒時，你是否也忍不住重新思考自己的人生態度呢？

過去的終究已經過去，今天如果你已幸福地擁有一切，那麼只需記住眼前幸福，並珍惜擁有。

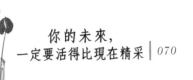
偏見會造成錯誤的判斷

艾德華‧米羅有句名言：「每一個人都是
自己經驗牢籠的囚犯。沒有一個人能消弭
偏見，重要的是要認清偏見。」

有人說，偏見最能節省時間。因為它讓你不需費力去尋找真相，就能迅速建立對這件事情的看法。

很多時候，充滿偏見與冥頑不靈的人並不是緊緊抓住觀念，而是被他自己的觀念緊緊束縛住。

人要過得自在，就必須讓自己心無罣礙。因為唯有心靈先打理乾淨了，心情才可能獲得真正的平靜。很多時候，只要懂得轉換念頭，就會發現許多事實在不值得煩憂、氣悶，心也會因為一個轉念之間，變得堅強成熟。

某一天晚上，一位婦女隻身來到機場候機，看一看時間，離飛機起飛還有好幾個小時，因此，她到機場商店裡買到了一本書，順便買了一袋小餅乾，找了個地方準備悠閒的度過這幾個小時。

正當婦人沉浸在書本裡，卻無意中發現，那個坐在她旁邊位子上的男人，竟然如此無禮，大剌剌地從他們中間的袋子裡抓起一塊餅乾，接著放進嘴裡咀嚼得津津有味。

女人假裝沒看見這件事，她可不想為了一、兩塊小餅乾而對人大發雷霆。

難道他沒發現她已經發現了嗎？「偷餅賊」對女人投射過去惡意的眼神視而不見，只是自顧自的繼續從袋子裡抓起餅乾往嘴裡塞。

不知道是哪個落後國家的人，居然這麼厚臉皮！女人越想越氣憤，而且像故意刺激她似的，只要她拿起一塊餅乾，他便馬上跟著也拿一塊。

當剩下最後一塊時，那個竊賊的臉上竟浮現出微微的笑意，只見他略帶拘謹的抓起了最後那塊小餅乾，把它從中間分成兩半，然後遞給她半塊，自己吃了另外一半。

女人從竊賊手中搶過半塊餅乾，心想：「這是什麼世界啊！居然有這種事情！這個傢伙外表看來雖然有點醜陋，但卻真的很無恥，他吃光了我整袋餅乾，卻連一句感謝的話都沒有說！這年頭，難道人們都不知道感激為何物了嗎？」

當她的航班通知登機時，女人如釋重負地鬆了口氣，她已經不能忍受再和這種人相處任何一分鐘，所以連忙收拾起自己的行李走向登機口，拒絕回頭看一眼那個「偷竊而且不知感恩的人」。

婦人怒氣未消地登上了飛機以後，找到位子坐好，然後準備繼續讀那本看到一半的書。

當她把手伸進旅行袋時，她的心猛然跳了一下，緊張得幾乎透不過氣來，因為她摸到了一個圓鼓鼓的東西，正是她剛才買的那一袋餅乾！

原來，那個「厚顏無恥、不知感恩的偷餅賊」不是別人，正是自己！

你的未來,一定要活得比現在精采

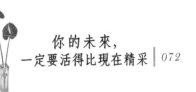

艾德華·米羅有句名言：「每一個人都是自己經驗牢籠的囚犯。沒有一個人能消弭偏見，重要的是要認清偏見。」

深夜回家的時候，看見對面的房子燈還亮著，有人會認為這或許是媽媽在哄孩子睡覺，或許是學生在挑燈夜戰。但是，也一定有人會在心裡說：「天哪！這麼晚了，還有人正在偷情！」

我們經常被自己的經驗法則所左右，以致於顛倒是非、指鹿為馬。

偏見影響人甚鉅，我們不能保證自己不去錯誤的評斷他人，我們只能盡力而為，在尚未了解一個人之前，別帶著有色眼光看人。

找不到方向，就會暈頭轉向

很多時候，我們盲目地尋找解決之道，卻忘了最大的問題不是答案在哪裡，而是什麼才是真正的問題。

數學問題不外乎是傳達一個「邏輯」觀念，想知道鼎鼎大名的科學家愛因斯坦如何讓學生把邏輯觀念落實在生活中的嗎？

課堂上，愛因斯坦給學生出了一個題目：「有兩位工人一起修理一座老舊的煙囪，當他們兩人從煙囪裡爬出來時，其中一位很乾淨，另一位卻滿臉滿身都是煤灰，請你們猜猜看，這兩個人之中，誰會去洗澡呢？」

一位學生回答：「當然是那位滿身是灰的工人會去洗澡嘍！」

愛因斯坦說：「是這樣嗎？請你們再仔細想想，乾淨的工人看見另一位滿身滿臉都是煤灰，他會覺得從煙囪裡爬出來真是骯髒；另外一位看到對方身上很乾淨，自然就會以為自己也很乾淨。現在我再問你們，誰才是會去洗澡的那個人呢？」

另一位學生從老師的話中聽出端倪，興奮地說：「喔！原來如此！乾淨的工人看到骯髒的工人時，覺得自己必然也和對方一樣髒。但是骯髒的工人看到乾淨的工人時，卻覺得自己並不髒啊！所以，跑去洗澡的一定是那位乾淨的工人。」

愛因斯坦環視其他的學生，所有學生似乎都非常同意這個答

案。愛因斯坦並沒有宣佈這個答案是對是錯,他慢條斯理地說:
「那麼!請你們再想一想,這兩個人一起進到煙囪工作,又同時
從老舊的煙囪裡爬出來,怎麼可能一個是髒的,另一個卻是乾淨
的呢?這就叫做邏輯啊!」

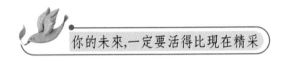

你的未來,一定要活得比現在精采

問題不一定有答案,卻必須有邏輯。

很多時候,我們盲目地尋找解決之道,卻忘了最大的問題不
是答案在哪裡,而是什麼才是真正的問題。

沒有邏輯觀念的人,一旦被別人「模糊焦點」,就會失去方
向,像隻無頭蒼蠅般忙得暈頭轉向。

不要因為覺得麻煩而厭倦思考,因為只有不停地思考,才會
有不斷的進步。真正的答案往往不在你眼前,而在你心裡。

用別人的長處為自己加分

真正的強者，他本身不一定是最強，但是他懂得利用別人的長處，讓自己變得比別人強。

人的才智有限，但是天地萬物的可能性卻是無限。

大自然是最好的寶藏，其中蘊含著無數的奧秘；世界上沒有不可能的事，人類所做不到的，大自然可以替你實現。

話說當時唐太宗為了「和蕃」，把文成公主下嫁吐蕃王松贊干布。但是文成公主艷名遠播，在決定把公主嫁給誰之前，曾經有來自各地的少數民族使者，想要和吐蕃王松贊干布派來的使者祿東贊一爭長短，請求唐太宗將文成公主嫁給他們的國君。

唐太宗十分為難，為了公平起見，他出了幾道難題讓競爭者比賽，贏的人就可以把公主娶回自己的國家。首先，太監拿來一顆孔內有九道彎曲的「九曲明珠」，要讓大家分別用一根纖細的絲線穿過去。

使者們不停地試驗，試到手都打顫了，絲線仍然穿不過去。

這時，只見祿東贊找人捉來了一隻螞蟻，將絲線輕輕地繫在螞蟻身上，再將螞蟻放入珠子的孔內，並在另一端的孔外抹上一些蜜糖。這個方法果然奏效，很快地，螞蟻就由這一端爬到另一端，順利將絲線貫穿整顆珠子。

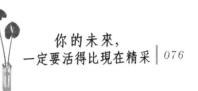

接著，太監將眾使者帶到馬廄裡，馬廄的兩邊各關著一百匹母馬和一百匹出生沒多久的小馬。這一題可麻煩了，太監要使者們輪流辨認出每一匹小馬的媽媽。使者把柵欄打開，讓小馬和母馬混在一起，但這個方法似乎並不見效，因為母馬看也不看小馬一眼，小馬也自顧自地玩耍。許多使者只好根據馬兒身上的花紋隨便將他們配對，結果當然是徒勞無功。

輪到祿東贊時，只見他要僕役把小馬關上一天，不給任何食物及水。

到了第二天，祿東贊叫僕役打開柵欄，飢腸轆轆的小馬便紛紛奔向自己的媽媽找奶吃。於是，祿東贊又輕易地通過了這關，為年輕的吐蕃君王松贊干布娶回了大唐的文成公主。

你的未來,一定要活得比現在精采

祿東贊不勉力而為，而是借力使力，運用動物的本能來完成目標。

他也許沒有過人的本事，卻因為善用資源、頭腦靈活而擊敗其他對手，終於達成使命。

社會這麼大，你不可能集所有本領於一身，但是你可以借助別人的本領，使它成為自己的資源。

「三個臭皮匠，勝過一個諸葛亮」；真正的強者，他本身不一定是最強；但是他懂得利用別人的長處，讓自己變得比別人強。

關鍵時刻更要膽大心細

適度小心是有必要，但過度疑慮反易壞事。這時膽大心細便很重要，如此，便能做出正確的判斷，而不致錯失時機。

莎士比亞曾經說過：「適度的疑慮，是保護自己的明燈，也是預防上當受騙的良方。」

但是，過度的疑慮，有時是使你畏首畏尾的毒瘤，也是讓你錯失大好機會的絆腳石。

南北朝時期，有一名劉宋的大將名叫檀道濟，奉命率軍攻打北魏，戰事十分順利，屢戰皆捷。

沒想到，當他一路攻打到歷城時，才發現軍隊的糧餉幾乎告罄。在前有敵兵、後援不繼的情況下，檀道濟無計可施，只好宣佈退兵，使得一時之間軍心大亂。

檀道濟退兵的行動引起敵軍的疑心，自然會想到對方是否因斷了後援才退兵。檀道濟有先見之明，非常擔心敵軍會落井下石、乘機追擊。

在這種危急的情況下，檀道濟日夜苦思如何才能全身而退。

當天晚上，魏軍的探子回報，檀道濟所率領的宋軍連夜以斗量米，並且大聲報數，似乎糧食充足、不虞匱乏。

天亮之後，探子又報，宋國軍營旁邊堆放著大批米糧，可見他的米糧的確充足。

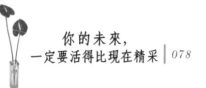

得知宋軍並沒有任何後顧之憂，當他們退兵時，魏軍自然不敢輕舉妄動，只能遠遠地看著宋軍精神抖擻地緩緩移動。

檀道濟將軍本人一派悠閒地坐在車內，從容地率領著隊伍前進。魏軍看到敵人一副顧盼自雄、志滿意得的樣子，更加不敢下令追趕，宋軍於是得以順利退兵。

究竟檀道濟使出什麼樣的法寶呢？

原來檀道濟命令士兵們在夜間以斗量沙，大聲報數；趁著夜色昏暗，讓魏軍的探子信以為真，以為那一堆堆的沙子是白米。到了白天，再將僅剩的米全都舖在沙子上面，更讓對方深信不疑。

退兵時，檀道濟命令全體士兵打起精神，自己則行進在隊伍前面，談笑風生、悠遊自得。敵軍看了自然以為其中有詐，不敢追擊。其實，宋軍們個個都已經餓得飢腸轆轆，只是勉強支持，合力上演了這一齣好戲而已。

你的未來,一定要活得比現在精采

所謂的聰明機智，就是發現不同事物之間的相似之處，以及發現相似事物之間的差異。二十一世紀是個複雜多變的戰場，每天都進行著激烈的廝殺。在瞬息萬變的人生戰場上，每個人都應該設法讓自己聰明一點，同時也得留意對方使出的各種「戰術」。

若是魏軍肯進一步求證，識破宋軍「此地無銀三百兩」的詭計，又怎麼會有如此放虎歸山的憾事呢？

可見適度小心是有必要，但過度疑慮反易壞事。這時，膽大心細便很重要，大膽假設有狀況，然後小心求證，檢驗是否真有其事，如此，便能做出正確的判斷，而不致錯失時機。

PART4

充滿信心，
就能保持平常心

只有抱持著平常心，無論對手是強是弱，

是超乎水準還是一反常態，你都能充滿信心，

表現出自己最好的狀態。

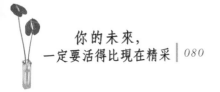

心，就是快樂的根

真正的快樂，是一種心靈層次的追求。當
你可以可以自由自在，可以隨遇而安，你
還能有什麼不快樂的理由呢？

林肯曾說：「大部分的人只要下定決心，都能很快樂。」

這句話說明了快樂是來自內心，而不是存於外在。一切從心
開始，要先有一顆快樂的心，你才會看到雨後的彩虹。

在一座山麓的盡頭，水清草美、風景宜人。聽說這座山上出
產一種「快樂藤」，只要是經過自己努力得到這種藤的人，一定
會喜形於色，茅塞頓開，不知道煩惱為何物。

為了得到數不盡的快樂，一位年輕少年不惜跋千山涉萬水，
前去找尋這種傳說中的快樂藤。

他歷經千辛萬苦，好不容易爬過蜿蜒的陡坡，來到山麓的盡
頭。在險峻的山崖上，他終於尋獲了快樂藤。

可是，他雖然手裡握著這種藤，心裡卻沒有感到預期的快樂，
取而代之的，是一種空虛和失落。

這天晚上，年輕人在山裡一位老人的家中借宿，月光皎潔，
夜色明媚，年輕人卻發出了一聲長長的嘆息。老人看見了年輕人
鬱鬱寡歡的模樣，問道：「究竟是什麼事讓你這樣嘆息呢？」

年輕人說出了自己心中的疑問：「為什麼我已經得到了傳說

中的快樂藤，卻沒有得到相對的快樂呢？」

　　老人回答道：「其實，快樂藤不只有長在這裡，只要你有快樂的根，快樂藤到處都能生長，不管走到天涯海角，你都一樣能得到快樂。」

　　老人的話使這個年輕人覺得耳目一新。

　　「快樂的根」？他從來沒聽說過這種東西！於是，年輕人又問：「我要到哪裡才能找到快樂的根呢？」

　　「心，就是快樂的根。」老人回答。

你的未來,一定要活得比現在精采

　　同樣面對不景氣，為什麼有人過得很快樂，有人卻過得很痛苦？那是因為，過得快樂的人知道大環境並不是個人可以左右的，但是小環境卻可以經由本身調適而改變，因此抱著快樂自在的心情面對自己的處境。

　　至於不快樂的人則是不知轉換角度看待眼前惱人的事。

　　每個人都渴望得到快樂，我們盡了最大的努力去追求，後來才發現，我們追求的原來不是「快樂」，而是「享樂」。

　　快樂和享樂不一樣。追求享樂只是追求短暫的刺激歡娛，片刻之後，還有片刻，那是永無休止的。一旦失去了刺激，或者滿足不了慾望，便會感到痛苦，最終還是得不到快樂。

　　真正的快樂，是一種心靈層次的追求。

　　當你可以自給自足，可以自由自在，可以隨遇而安，可以問心無愧，還能有什麼不快樂的理由呢？

　　透過享樂的確可以得到某些短暫的快樂，然而，可以打從心底發出對前景充滿信心的微笑，那才是最大的快樂。

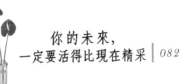

充滿信心，就能保持平常心

只有抱持著平常心，無論對手是強是弱，
是超乎水準還是一反常態，你都能充滿信
心，表現出自己最好的狀態。

《孫子兵法》中有云：「勝者之所以致勝，原因就在他會攻擊，敗者之所以失敗，是因為他一直在防守。」

若是只會隨著敵人的節奏起舞，那麼你已經輸了一大半！

小玲和小琪都是國內首屈一指的溜冰好手，兩個人的花式溜冰各懷獨門絕技。當她們以輕盈的姿態舞入溜冰場時，不論是靈活的跳躍，或是優雅的旋轉，都會引起觀眾席上一陣喝彩。

這幾年的比賽下來，兩個人不是冠軍，就是亞軍，你爭我奪十分激烈。

為了打敗對方，她們都下了功夫，希望自己可以在技巧、熟練度，甚至內容編排方面更上一層樓，誰也不願意輸給誰。

今年度的比賽更是重要，不但獎金額度大幅上漲，冠軍還可以代表國家去參加世界花式溜冰錦標賽。因此，兩人花了一整年的時間，卯足了全力在溜冰場日夜苦練，越是接近比賽的時間，越是不敢掉以輕心，深怕一個不小心，就被對手遠遠拋在後面。

比賽前兩個禮拜，小玲和小琪在比賽場地不期而遇。小玲看見小琪的膝蓋上居然裹著厚厚一層白色的繃帶，當她試滑的時候，

臉部因痛苦而扭曲著，姿態動作也不若以往的靈活。

小玲看到這副景象，壓力頓時減輕了一大半。看樣子，小琪的傷勢應該不輕，真可惜！唯一的對手出了狀況，冠軍獎座鐵定是落入自己懷中了！

然而，到了比賽當天，滿臉笑容的小玲看到小琪時，原先的自信立刻一掃而空。

小琪膝蓋上的繃帶不見了，臉上容光煥發，絲毫沒有一點受傷的樣子；她在溜冰場上不但表現得可圈可點，而且技巧和熟練度都比以前增強了許多。

反倒是小玲，認為對手受傷了，自己非常有把握能拿冠軍，過去兩個禮拜以來，並不曾勤奮練習，現在又出乎意料地看到小琪的絕佳狀況，一下子信心跌落谷底，連手腳都不聽使喚，在場上頻頻出錯。在這種狀況下，冠軍寶座自然拱手讓給了小琪。

至於小琪究竟有沒有受傷呢？

瞧她接過獎座時一臉志滿意得的表情，誰也看不出來她是兩個禮拜前膝蓋還裹著繃帶的人！

你的未來,一定要活得比現在精采

在瞬息萬變的競爭中，每個人都無可避免地必須面對比過去更劇烈的環境變遷，以及競爭對手的無情挑戰。正因為如此，有的人為了勝過別人，會千方百計耍弄心機，故意露出破綻或是偽裝自己。

如果你的對手讓你看見他的弱點，請千萬小心，那很可能只是試圖讓你鬆懈的偽裝而已。

有誰會在敵人面前暴露自己的缺點，以長他人志氣、滅自己

威風呢？對方之所以要讓你看見他的缺陷，爲的就是要你卸除戒心，不全力以赴。

所謂「驕兵必敗，輕敵失機」，比賽不只是你和對手的舞台，更是你和你自己的競賽，只有抱持著平常心，無論對手是強是弱，是超乎水準還是一反常態，你都能充滿信心，表現出自己最好的狀態，這才是眞正的「大將之風」。

說話藝術是人際潤滑劑

口才代表一個人的自信心，也代表了一個人的思想、智慧，表現出一個人的人格特質，也是人際關係的潤滑劑。

聖經有云：「一句話說得合宜，就如金蘋果在銀網子裡。」

絕妙的說話藝術為人鑄造了一顆金蘋果，但是金蘋果會不會落在銀網子裡，還得看聽話的人是什麼材質。

說話的最大技巧，便在於先培養「銀網子」的聽話藝術。說話不只是說好話，還得說別人聽得進去的好話！

一位才思敏捷的牧師進行了一場非常精彩的佈道，他說：「人類是上帝所創造最完美的作品，在座的每個人都是從天而降的天使，你我都是上帝眷顧的寶貝。因此，活在這個世上，大家要肯定自我的價值，善用上帝給予的獨特恩賜，去發揮自己最大的力量。」

聽眾當中有人不服牧師的說法，他站起來，指著自己不滿意的塌鼻子，質問牧師說：「如果真像你所說的，人是從天而降的完美天使，請問我的鼻子為什麼麼會這麼塌呢？」

另一位嫌自己腿短的女孩也起身表示相同的意見，她認為自己的短腿應該不是上帝完美的創造，又何來天使之說呢？

台下議論紛紛，只見牧師神態自若地回答：「上帝的創造是

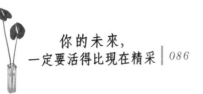

完美的，而你們兩人也絕對是從天而降的天使，只不過……」

隨即，他指了指那名塌鼻子的聽眾，說道：「你在降落到地上時，讓鼻子先著地罷了！」

接著，牧師又指一指那位嫌自己腿太短的女孩：「至於妳，雖然是用腳著地，可是卻在從天而降的過程中，忘了打開降落傘。」

你的未來,一定要活得比現在精采

口才代表一個人的自信心，也代表了一個人的思想、智慧，表現出一個人的人格特質，也是人際關係的潤滑劑，藉由三言兩語，你可以實現自我，也可以解決問題的工具。

再精深再博大的學問，都不如說話的藝術來得有用！

口才好，揚眉吐氣，你的人生是彩色的；口才不好，人微言輕，忍氣吞聲，人生只是黑白。

說話是種藝術，我們總覺得自己做得還不夠好、不夠精練、不夠傳神，但正因為它是一門藝術，它永遠都有可以改進之處。

講明白，就不會留下灰色地帶

處於灰色地帶，人們都有貪小便宜的心態，「說清楚、講明白」，永遠是杜絕灰色地帶最好的方法。

下雨天看到路邊一把破傘，你可能會順手牽羊帶走，但是，店裡一把標價五塊錢的雨傘，你還會若無其事地帶走嗎？

遏止人們貪小便宜的方法，就是要讓他們知道，他所貪的便宜並不小。

有一家旅館的經理，對於旅館內的一些物品，經常被前來住宿的客人順手牽羊感到十分頭痛，可是卻又一直拿不出有效的對策來。

於是，經理囑咐員工在客人到櫃檯結帳時，迅速派人去房內查看是否有什麼東西遺漏，客人必須在櫃檯等待，等到房務部人員查清楚了之後才能結帳。如此一來，不但結帳的速度太慢，而且客人覺得這家旅館以小人之心度君子之腹，下次再也不願意住這家旅館了！

經理覺得這樣下去不是辦法，於是召集了各部門主管，一同思索有沒有什麼更好的方法，能夠制止旅客們順手牽羊。

幾個主管圍坐在會議室裡腦力激盪了一番，其中一個年輕的主管突然說：「既然旅客喜歡，我們為什麼不讓他們帶走呢？」

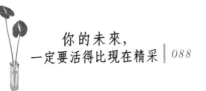

在場所有人聽了，都瞪大了眼睛。

若是客人喜歡什麼就帶走什麼，旅館豈不損失慘重！這是哪一門子的餿主意？

只見年輕的主管不慌不忙的接著說：「既然顧客喜歡，我們就在每件東西都標上價錢，讓客人依照自己的需求來購買。說不定這麼一來，還可以增加旅館的營收呢！」

是啊！會來旅館住宿的客人豈有買不起的道理？有些旅客喜歡順手牽羊，並不是蓄意偷竊，而是因為很喜歡房內的物品，加上旅館又沒明確規定哪些不能拿，所以才會故意裝迷糊拿走一些小東西。

若是把每樣東西都加上了標價，讓客人知道只需付一點小錢就可以把它帶走，一方面既可以減少客人順手牽羊的頻率，另一方面又可以為旅館增加額外的收益，這不失為一條兩全其美之計！

於是，在這家旅館之內忽然多出了好多漂亮的東西。像是牆上的畫、桌上擺設的手工藝品、織法細膩的桌布，甚至柔軟的枕頭、床罩、椅子等用品，上頭都附了一個小小的標示牌，寫明清楚價格。

如此一來，這家旅館的生意愈來愈好了！因為在這裡只要花少少的錢，就可以買到五星級的商品，簡直比百貨公司大拍賣還划算！

旅館的生意一天比一天好，旅客們若是想住這家旅館，還得提前半年預約呢！

你的未來,一定要活得比現在精采

華人往往有一種心態，凡是沒有標價的東西，就擺明了是「歡

迎拿走」。

　　但是，歐美人就不同了，他們的傳統觀念認為，越是沒有標價的東西，表示價格越高，不會輕舉妄動。

　　因此，華人到了外國飯店，總是會發生一些順手牽羊的情況。

　　人們都有貪小便宜的心態，不是買不起，只是不拿白不拿。店家若是不肯吃這個虧，就應該要清楚明白地標明「不能拿」，如此一來，店家不用整天提心吊膽，客人也不必被當成竊賊看待。

　　「說清楚，講明白」，永遠是杜絕灰色地帶最好的方法。

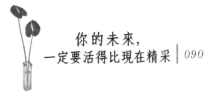
有遠見更要有挑戰的勇氣

懂得立即付諸行動的人，即使頻頻跌跤，
他們卻從每一次跌跤的角度中，擁有越來
越多的新視野！

　　只有遠見是不夠的，若是缺乏行動的勇氣，無論你規劃出多
麼好的美麗願景，還是徒留一場空。

　　如果美麗的夢想沒有勇氣加以落實，一味擺在腦海中空轉，
那麼，它終將成為重複的惡夢！

　　庫克旅遊公司約有五百個辦事處分佈在世界各地，因為他們
每年都會有近一千萬名旅客請他們代辦旅遊事務。

　　之所以會有如此龐大的客源，全賴庫克本人將總公司由倫敦
遷到美國的勇氣與遠見；其後的繼承人也發揮了這項冒險勇氣，
讓庫克旅遊的行程都充滿了創意與趣味。

　　像是著名的百慕達蜜月行程，或是到巴峇島觀光等行程，都
是他們精心尋找與規劃出來的創意行程。

　　庫克公司一旦有了新規劃，對於這些新組成的特殊旅行團，
都打出了這樣一個口號——我們不只是帶你們去賞玩山水，更要
讓你們從世界不同的角落中，探索更新的事物！

　　每當老庫克回想起過去奮鬥的經歷，都會給新進員工一些忠
告：「你們要做旅行業的先鋒！」

　是什麼樣的過去，讓他有這份信心與勇氣？

　原來，當年他決定將總公司遷到美國時，他的親友們個個都提出反對意見，連一向支持他的妻子都說：「你是土生土長的英國人，而且想發展旅遊事業，倫敦的條件比任何地方都好啊！」

　「不，這是一個新興的行業，需要充滿朝氣的環境來生長，我認為到新興的美國發展，會比待在保守的英國來得更具發展性。」庫克堅決地說。

　庫克太太只得無奈地說：「但是，你有必要將總公司遷到美國去嗎？在那裡你可以設立一個分公司就好，不是嗎？」

　庫克搖了搖頭，說道：「那意義完全不同，我們在倫敦已經有了基礎，在這裡每個人都知道庫克公司的名聲，但是，在美國卻要從頭開始。在美國，我們展望的是全世界，必須投入全部的人力與財力啊！不然，怎麼競爭得過當地的旅行業呢？」

　妻子聽完庫克的分析後，點了點頭說：「好吧！我會支持你的。」

你的未來，一定要活得比現在精采

　拿破崙曾經說過：「所謂逆境，只不過是那些沒有勇氣改變現狀的人，製造出來的護身符而已。」

　的確，懦夫把困難當做沈重的包袱，而勇者卻把困難當做衝出逆境的力量，只要你擁有改變現狀的決心和勇氣，逆境其實只是你進入順境的一個入口。

　因為能果決明確地下決定，讓老庫克在最精華的人生階段光芒四射，也因為抱持著強烈的成功企圖，讓老庫克及繼承人都充滿了積極突破的決心。

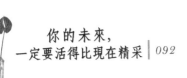
　　從故事中，我們發現，「要做就要做最好的」正是老庫克的
人生座右銘，也是他傳承給庫克員工們的精神指標。

　　從充滿遠見與勇氣的庫克身上，你是否也感受到了一份無法
言喻的活力和實踐夢想的動力呢？

　　人生其實就這麼長，一再地猶豫，最終只會讓自己失去越來
越多。反之，懂得立即付諸行動的人，即使頻頻跌跤，他們卻從
每一次跌跤的角度中，擁有越來越多的新視野！

喜歡拍馬屁，小心被馬踢

逢迎拍馬在現今社會已是人之常情，但是在拍馬屁之前請先站穩腳步，否則馬後腿一踢，你就會被踢到九霄雲外去！

現代人開會要發表言論，見面要自我介紹，吃了虧要據理力爭，溝通是為了加薪……，二十一世紀，連狗嘴也得吐出象牙來，要是你沒有口才，那麼肯定不能成材！

有一位名作家趁著旅行之便，想順道拜訪一家城裡的書店，於是，他在出發之前，先打了個電話給這家書店的老闆，希望能夠在拜訪書店之時和他見見面。書店老闆聽到大作家要光臨了，便吩咐店員把店裡的架子上，全都擺滿這個大作家的書，希望能讓他留下一個好印象。

約定的時間來臨，大作家準時來到這家書店，一走進門，只見書架上擺滿了他的各種作品。

他看了不禁嚇了一跳，大惑不解地問書店老闆：「怎麼沒看見其他作家寫的書呢？」

「因為……其他作家寫的書……」老闆一時情急，竟脫口而出：「其他作家寫的書早賣光了！」

名作家聽了，臉色大變，這時書店老闆想要改口已經來不及啦！

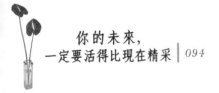

你的未來,一定要活得比現在精采

　　逢迎拍馬在現今社會已是人之常情，但是在拍馬屁之前請先站穩腳步，否則馬後腿一踢，你就會被踢到九霄雲外去！

　　凡是說自己討厭拍馬屁的人，都只是一種掩飾，叱吒一時的拿破崙便是最好的例子。他經常公開表示非常討厭別人拍他的馬屁，一次，隨從對他說：「將軍，您是最討厭別人對您拍馬屁的吧！」

　　拿破崙聽了，笑著說：「是的，一點也沒錯！」

　　然而，這不就是那位隨從的一記「馬屁」嗎？再怎麼清高的人也敵不過一記馬屁的威力，但若你的那一拍沒有把握確確實實拍在馬屁上，勸你還是看穩了，再出手！

沒有自信的人才會吹牛

牛皮是沒有極限的，不管誰吹得有多麼厲
害，總是還會有人超過他，而且只要輕輕
一戳，便不攻自破。

爭氣，爭氣，人活在世上要爭的往往只是一口氣。

爭氣的方式有兩種。對自己充滿信心的人，知道自己擁有什
麼能力，因此懂得靠實力為自己爭氣。

至於對自己缺乏信心的人，由於缺乏競爭力，往往只會用吹
牛的方式為自己爭一口氣。殊不知，你爭的這口氣卻很可能會令
你充了面子、丟了裡子，贏了一時，輸了一世。

有兩個大近視眼很不自量力，經常一碰面就互相比較眼力，
而且總是自吹自擂，誰也不服誰。

有一天，聽說廟裡要掛上一塊新的牌匾，兩個人約定時間一
起去觀賞那塊新的匾額，順便比一比眼力。

掛匾的前一天，兩個人一前一後偷偷地去廟裡探聽了一番，
不約而同暗暗記住了牌匾上的字。

隔天一大早，兩人依照約定的時間來到廟裡。

其中一個人先往掛匾的地方望了一望，然後得意洋洋地說：
「這上頭寫的『光明正大』四個字，一筆一畫蒼勁有力，連收尾
的地方都注意到了，功夫還真不錯！」

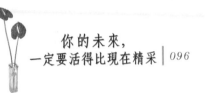

另外一個不甘示弱，立刻接上來說：「那四個大字誰看不見哪！這有什麼稀奇！你能認出寫在角落的那些小字嗎？告訴你，那上邊寫的是『某年某月某日』、『某某人書』！」

正在一旁打掃的清潔工聽了他倆的唇槍舌戰，不禁哈哈大笑。

他告訴他們二人：「仔細抬頭看看吧！那塊匾額根本還沒掛上呢！哪來什麼大字小字的？」

你的未來,一定要活得比現在精采

越欠缺自信的人，越會試圖藉由吹牛欺騙自己和別人。

遺憾的是，這種可憐人充斥在我們的生活週遭，卻不知道別人內心正用鄙夷的眼光看待自己，反倒洋洋得意。

在一個吹牛比賽中，一號參賽者睜眼說瞎話：「我非常富有，名下有二十家電視台，三十家航空公司，五十家郵輪公司，七十家石油公司，八十家建設公司，還有五十七艘遊艇，以及許多遊覽車及其他國際生意，比亞洲第一富豪還要有錢。」

一號參賽者語出驚人，竟然說出這麼誇大不實的話語，想必其他參賽者是很難打敗他了！

沒想到，接下來上台的二號參賽者，只說了一句話，就贏了這場比賽。他說：「我是一號參賽者的老闆！」

牛皮是沒有極限的，不管誰吹得多麼厲害，總是還會有人超過他，而且只要輕輕一戳，便不攻自破。

吹牛的最高的境界，是吹到最後連自己都相信這些牛皮，但是，吹牛的致命危機就是除了吹牛者自己相信之外，旁人沒有一個相信。

識人不清會讓自己陷入險境

小人不會無中生有，大多數人犯小人，都是自己招惹來的。反省自己，比埋怨小人更能讓你在往後的日子裡遠離小人。

西班牙作家葛拉席安在《智慧書》中曾說：「要把今天的朋友，當成明天的敵人來提防。」

因為，敵人只會攻擊你，但是無法出賣你；會出賣你的，往往是那些自稱為「朋友」的人。

小張進入了一家新公司，雖然他在這一行已經稍微具備了一點經驗，但是初來乍到，對於新公司的體制、作業程序仍然一知半解，不知從何下手，周圍的同事每個人都忙得不得了，沒有一個人會主動來協助他。

就在小張不知該如何是好的時候，有位行政人員非常熱心地替他解決問題，而且知無不答、言無不盡，兩人因此成了好朋友。

只是，日子一久，小張發現這位職員的牢騷愈來愈多。工作一忙碌，難免有些不愉快，小張默默地傾聽對方的牢騷，絲毫不以為意。

後來，小張在工作上也受了一點委屈，想當然爾，他第一個便找這個好朋友訴苦，反正對方也時常批評公司，自己偶爾說些主管的壞話應該也沒有什麼關係。豈知第二天，人事主管把他找

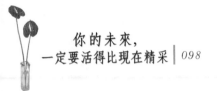
了過去，詢問他對公司究竟有什麼不滿。小張嚇了一跳，沒想到他的話居然傳到了主管的耳朵裡；男子漢大丈夫敢做敢當，小張拍拍屁股離開了這家公司。

臨走前，一位資深員工指著那個行政人員，偷偷的對小張說：「你難道不知道他是老闆的親戚嗎？」

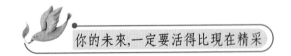
你的未來,一定要活得比現在精采

沒人會承認自己是小人，可是世界上確實有小人。有人分明是小人，可是不認為自己是小人；有人明明是君子，卻被誣陷為小人。

古有名訓：「與君子交，其淡如水，因淡而久；與小人交，其甜如蜜，但因蜜而不長久。」

小人不會無中生有，大多數人犯小人，都是自己招惹來的。別人對你一笑，你就掏心掏肺，別人扶你一把，你就鞠躬盡瘁。遇人不淑、識人不清，這是誰的錯？

反省自己，比埋怨小人更能讓你在往後的日子裡遠離小人。

付出越多，得到越多

 人會得到回報，往往是先有所付出。只有不怕吃虧的人，會盡全力做事，盡全心對人，付出許多，得到的才會更多。

法蘭西斯‧培根曾經這麼說：「人不能像地球一樣，把自己的利益定做繞以旋轉的軸心。」

人如果總是以自我為核心，僅僅關心自己的利益，而不在乎別人的需求，或者老是要求別人付出，而不願幫助別人，是不可能有太多收穫的。天下沒有不勞而獲的事，想要得到別人的幫助，請先伸出手，展現你的誠意。

有一家雜誌社的社長，想要請一位有名的學者，為他的雜誌寫專欄。

一天，社長開車來到學者的家裡，誠懇地對他說：「我想在雜誌上為您開一個專欄，麻煩您幫忙。」

沒想到這位學者實在太忙了，拿出他的時間表一看，每天上課、演講、做研究……，連吃飯的時間都沒有，哪裡還能寫什麼專欄？

因此，不管社長怎麼勸說，學者都禮貌的推辭，就是不肯點頭。

學者說：「不是我不願意幫忙，只是您看，我簡直快要忙瘋

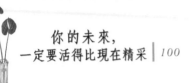

了，等一會兒，我還得坐飛機到南部去演講，根本沒有時間。」

看到學者如此堅決的態度，社長只好告辭。

二、三個小時之後，學者走出自家大門，拎著簡單的行李想要走到巷口叫計程車前往機場，卻看到社長的車子停在門前，還沒有離開。

社長走下車，打開車門對學者笑著說：「時間不早了，讓我充當司機載你一程吧！」

過了幾個禮拜，學者的專欄如期刊登了。

你的未來,一定要活得比現在精采

雖然說付出不應該要求回報，但是，一個人之所以會得到回報，往往是因為先有所付出。

不要吝嗇多幫人一把，多對人施予一點小惠。你的一句慰問、一點關心，都會是對方感動的泉源。

陶覺曾說：「做人必須帶一分憨、一分癡，不憨不能犯大難，不癡無以處濁世。凡患得患失之人，正是太聰明耳。」

錙銖必較的人，只肯付出一點點，自然也只能回收一點點；只有不怕吃虧的人，會盡全力做事，盡全心對人，付出許多，得到的才會更多。

PART 5
充滿自信才能創新

突破傳統的窠臼需要自信和勇氣，

更需要高明的創新手法。

扭轉既有的事實需要冒險，

新大陸往往就是這樣被發現的。

在關鍵時刻讓自己更出色

朗費羅曾說：「我們是以自己有能力做什麼事來評斷自己，但別人卻以我們已經做了哪些事來評斷我們。」

每個人都想要當一個聰明人，卻往往很少人懂得要如何在適當時候，展現自己的聰明才智。

即使孔雀具備色彩斑斕的羽毛，如果不知道該在什麼時候開屏，終其一生，也只是一隻平凡無奇的小鳥。

想要飛上枝頭成為鳳凰，就要抓緊平步青雲的好時機，在關鍵時刻讓自己表現得更加出色。

威爾遜曾經寫道：「要有自信，然後全力以赴，假如有這種信念，任何事情十之八九都能成功。」

的確，一個人倘使沒有自信的話，人生就索然無味，必須切記，我們的人生，會隨著我們的自信多寡，而具有多少價值。

鐵血宰相俾斯麥在普法戰爭勝利後，頒贈十字勳章給所有有功的戰士。

俾斯麥手持十字勳章，親自為一名士兵佩戴。在佩戴的過程中，他隨口問道：「如果你沒有錢，你會認為一百元比這個勳章重要嗎？」

這名士兵想了想，恭敬地回答：「長官！據您所知，這枚勳

章的價值在哪裡呢？」

「喔！這個……它的價值大概是榮譽吧！不過這個榮譽只值三塊錢喔！」俾斯麥回答，並幽默的一笑。

士兵聽了，不慌不忙地說：「那麼長官，我想我要這枚勳章和另外的九十七元。」

鐵血宰相一楞，接著哈哈大笑。他十分佩服這名士兵的聰明機智，不由得對他多看了兩眼。

你的未來，一定要活得比現在精采

從此，這名士兵的官運也飛黃騰達了起來。

這位士兵在俾斯麥的威儀下，仍毫不畏懼地展現自己的機智，自然引來大家的刮目相看。

許多人「在家一條龍，出外一條蟲」，空有一身武藝，卻總在上台時怯場，以致演出失常，吸引不了伯樂，這怪得了誰？

每個人的一生中都有幾次「關鍵時刻」，你平時累積的才華、技藝都是為了這些時刻所準備。

真正能夠技壓群雄的人，不一定具備一百分的實力：他可能只有九十分，卻能適時而充分地展現這九十分，也因而打敗了那些具有一百分實力，卻只表現出八十分的對手們。

美國詩人朗費羅曾說：「我們是以自己有能力做什麼事來評斷自己，但別人卻以我們已經做了哪些事來評斷我們。」

你是個什麼樣的人，最終是別人說了算！你又怎麼能不好好把握每一個表現自己的機會呢？

但丁曾經說過：「能夠使我漂浮於人生的泥沼中，而不致墮落的，是我的自信心。」

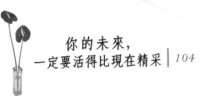
　　其實，人認爲你是那一種人，並不要緊，重要的是你自信自
己是那一種人，因爲，衡量自己是否有能力，應在於你的自信心
如何？也就是只要你認爲你能夠，你便能夠，你認爲你不能夠，
你便不能夠。

信任別人才能成就自己

一山還有一山高，遇到更高的山峰，與其把他剷除，不如想辦法站在他的肩上，讓其為你所用，讓自己成為更高的頂峰。

樂於付出自己的信任，所以容易讓人泉湧以報，盡力做到最好。這麼一個好的良性循環，其中獲益最多的人是誰？

答案非常明顯，聰明的你一定猜得到！

美國威爾遜總統執政期間，十分知人善任，對於有才能的人，總是不恥下問，多加提拔。

其中有一名軍官，博學多聞，深得威爾遜總統的器重，對他的依賴度甚至超過自己的內閣群臣，只要有需要商議的地方，威爾遜總統一定第一個想到這位軍官。

威爾遜總統知道，這名軍官無論是在一般性的知識，或是對國際事務上的見解，都遠在自己之上，他越重視這位軍官的意見，軍官也就越主動充實自己的知識，不辜負威爾遜總統的信任。

一次，威爾遜總統遇到了一個軍事難題，時間非常緊迫，但是內閣們卻都表示無能為力，於是他只好四處求援。這位軍官一接到消息，馬上致電給威爾遜總統，提出精闢的解決之道，令眾人佩服得無體投地，威爾遜總統更是深感安慰，十分高興，從此對這名軍官更加器重。

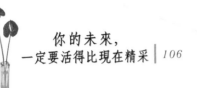

而這名軍官也因為受到了鼓勵，於是更加積極奮發，盡心盡力地為威爾遜總統效勞。

威爾遜總統就是因為有容人的雅量，善用身邊賢能之士的輔佐，任期間政績卓越，成果輝煌，在美國歷史上留下了很好的名聲。

你的未來,一定要活得比現在精采

理查‧焦爾達諾曾經說過：「衡量一個好的領導人，標準不是他做了多麼了不起的事，而是有多少員工願意追隨他。」

的確，一個高明的領導者除了必須知人善任外，還必須具備讓部屬積極行動的智慧，讓他們自動自發地貢獻自己的才能。

威爾遜總統心胸廣闊，善用賢能之士，而不擔心其功高蓋主，更鼓勵人人貢獻其才，讓底下的人如沐春風，更加賣力演出。

這就是成功者的雄才大略啊！不只是發揮自己的能力，更能集合別人的力量，創造更好的成效。

一山還有一山高，遇到更高的山峰，與其把他剷除，不如想辦法站在他的肩上，讓其為你所用，讓自己成為更高的頂峰。

失敗是為了累積成功的能量

處於逆境時，你更要相信，如果沒有走上
這一條崎嶇的道路，也許你永遠無法碰到
下一條風光明媚的分岔路。

　　失敗的原因有很多，也許是努力不足，也許是時候未到。不管你是為什麼原因失敗，都要相信自己的努力總會有開花結果的一天。

　　如果到現在，你還看不到豐收的時機，也許是因為上帝對你有其他特別的安排。

　　有一位商人繼承父業做珠寶生意，可是，他缺乏父親對珠寶業的明察秋毫，才接手沒幾年，就把父親留傳給他的龐大資產全部賠光了。

　　他認為自己的問題並不是缺乏經商才能，而是珠寶行業的投資太大，技術性太強，風險也太高，因此，決定改行做服飾生意。

　　他認為，服裝業的週期短，又不需太多專業知識，憑他過人的生意頭腦，肯定能成功。

　　於是，他變賣了僅有的一些家產，開了一家服飾店。經營了三年以後，他的服飾店再也沒有資金進貨，擺在檯面上的衣服也因為價格不具吸引力而乏人問津。他不得不承認自己再度失敗了。

　　他意識到自己不適合瞬息萬變的服飾市場，每當他發現一種

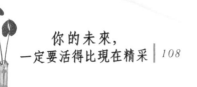

新款的服裝正流行，正準備撥出資金進貨時，同行們的這種款式已經開始淘汰了，他總是只抓得住流行的尾巴。

一而再的失敗並沒有把他擊倒，他變賣了服飾店，用剩餘不多的資金開了一家小餐廳。

他想，這種簡單的生意，只要僱幾個人做菜，客人吃飯付錢，又不用很大的週轉金，總該不會賠了吧！

可是，事實證明，他又錯了。他眼睜睜地看著相鄰的餐廳高朋滿座，而自己卻是門可羅雀。最後，連僱來的員工也被別家餐廳挖角了，只剩下他獨自一個人收拾殘局。

後來，他又嘗試做了化妝品生意、鐘錶生意、印刷生意，但都有如把鈔票往海裡丟，一件一件地失敗了。

到了這個時候，他已經五十二歲。從父親交給他珠寶生意至今，他奮鬥了二十五年，最後卻一無所有。

灰白的雙鬢更加使他相信，他沒有絲毫經商的才能。

他盤算自己剩餘的財產，所有的錢只夠買一塊離城很遠的墓地。他想：「看樣子，自己是不可能鹹魚翻身了，不如趁早買一塊墓地給自己留著，要是哪一天一命歸西，也算有個地方安息。」

他所買的墓地是一塊極為偏僻的土地，離城足足有十五公里遠，別說有錢的人，甚至連一些窮人也不願意買這樣的墓地。

但是，奇蹟發生了，就在他買下了這塊墓地後的第十八天，市政府突然公佈了一項建設環城高速公路的計劃，他的這塊墓地恰恰處在高速公路的內側；高速公路計劃使得道路兩旁的土地一夜之間身價暴增，他的這塊墓地更是漲了一百多倍。

他做夢也沒有想到，無心插柳柳成蔭，自己竟靠著這塊墓地發財了。

他驚覺到，自己何不試著做房地產生意呢？於是，他賣了這

塊墓地，然後購買了一些他認為有升值潛力的土地。

五年以後，他成了全城最大的房地產業主。

你的未來,一定要活得比現在精采

希臘船王歐納西斯曾經說過這麼一番話：「最黑暗的時候，正是我們必須積極尋找光線的時候。」

在人生的過程中，每個人都難免會遭遇挫折和失意，只要懂得修正錯誤，將失意和挫折轉化成再出發的動力，就可再度擁有一個美麗燦爛的人生。

成功來得永遠不會準時，但也永遠不會太遲。

若不是經歷過層層疊疊的失敗，故事中的這個商人又怎麼會無心插柳而成功致富呢？

因此，處於逆境時，你更要相信，如果沒有走上這一條崎嶇的道路，也許你永遠無法碰到下一條風光明媚的分岔路。

人生的道路是一步又一步走出來的，現在的腳步也許艱辛，但是當你某天回頭一看，會看見這些其實都是引領你走向未來的足跡。

把前人的痛苦當成自己的珍珠

人生不外乎是挫折、麻煩與困難，你無法
避免它們的到來，你只能儘量不讓它們打
亂自己的步調。

人生的體悟似乎總是來得太遲，往往當你明瞭了一些什麼道
理時，可能你也已經衰老了許多。

事實上，並不是非要經歷傷痕累累才算體驗過人生。你的前
頭還有許多人走過和你一樣的路，他們的人生經驗正是你最好的
借鏡，如果你能善用他們的智慧，也許可以走出不一樣的路。

以下便是一位退休老人用他一生所記錄下來的智慧。

二十歲那年，這個老人任職的公司突然惡性倒閉。

當時，他還是個不懂世事的毛頭小子，而且不幸失業了；心
急如焚之時，經理卻安慰他說：「你真幸運。」

「幸運？」他不禁生氣地大叫：「我在這裡浪費兩年的光陰，
還有幾萬多塊的薪水沒領到，這叫什麼幸運？」

「真的，你很幸運。」經理繼續說：「凡是在年輕時受到挫
折的人都很幸運，因為這給你一個機會，你可以學到如何鼓起勇
氣從頭做起。要是到了四、五十歲才災禍臨頭，這樣的人沒有學
過如何重新開始，這時候再來學，恐怕已經年紀太大，心有餘而
力不足了。所以，你很幸運，你的挫折來得正是時候。」

　　到了這個老人三十五歲時，事業已經稍具規模，每天有處理不完的公事，接聽不完的電話，讓他經常抱怨連連。

　　這時，他的上司把他叫到一旁，和顏悅色地對他說：「不要因為事情的麻煩而抱怨，你的收入多就是因為工作麻煩。一般人不需要負什麼責任，他們沒有什麼麻煩，所以他們得到的報酬也少。只有艱難的工作，才值得豐厚的報酬。」

　　到了四十歲，恰好是他對工作最遊刃有餘的時候，一位哲學家朋友告訴他說：「好好享受你現在的生活，等到再過五年，你就會有重大發現，那就是──麻煩不是偶然出現的，麻煩就是人生。」

　　如今這個老人已經五十多歲了，回想這三位長者所給他的啟示，真是一生受用不盡的至理名言啊！

你的未來，一定要活得比現在精采

　　貝多芬曾經寫道：「在困厄顛沛的困境，能堅定不移，甚至還感謝這個困境，這就是一個人真正令人欽佩的不凡之處。」

　　其實，環境本身惡不惡劣並不決定我們快樂或不快樂，重點是我們用什麼心境面對自己所處的環境，以及是否能從不同的角度替自己找出路。

　　有些人的生命如同蚌殼中的細沙，用盡畢生精力，把一粒粒的折磨和痛苦化為珍珠。

　　如果，你懂得欣賞他們的「珍珠」，你也就等於上了人生寶貴的一課。

　　人生不外乎是挫折、麻煩與困難，你無法避免它們的到來，你只能儘量不讓它們打亂自己的步調。

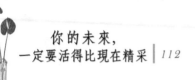

　　看看別人怎麼度過這些難關，隨時調整自己的心態。

　　你所受的痛苦，很多人都曾遭遇過，你應該不是最不幸的那一個。如果你願意用心傾聽別人的生活經驗，體悟來得也許永遠不嫌太遲。

充滿自信才能創新

突破傳統的窠臼需要自信和勇氣,更需要高明的創新手法。扭轉既有的事實需要冒險,新大陸往往就是這樣被發現的。

同樣的一種生意,為什麼人人都賺錢,到了你手上就會賠錢?經營的手法不同,得到的結果當然也就不同。

真正具有生意頭腦的人,即使別人前仆後繼地賠本,他也能充滿信心地從中找到新的商機。

在一九八四年以前,奧運會的主辦國幾乎都是「指定」的。

對舉辦國而言,能舉辦奧運會,象徵著國家民族的榮譽,也可以乘機提升國家的形象。但是,場地、建築物與周邊設備……等等高經費的投資,往往使政府負擔巨大的財政赤字。

看看那些有過慘痛經驗的國家就不難知道這種情形,一九七六年加拿大主辦蒙特婁奧運會,虧損十億美元;一九八〇年,前蘇聯莫斯科奧運會總支出達九十億美元,具體債務更是一個天文數字。

奧運會幾乎變成為「國家民族空泛的利益」而舉辦,或為「政治的需要」而舉辦,賠老本已成了舉辦國不可避免的宿命;他們只能自我安慰,凡事有得必有失,吃虧就是佔便宜嘛!

直到一九八四年洛杉磯奧運會,美國商界奇才尤伯羅斯接手

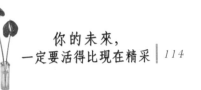
主辦，才運用他過人的創新思維，改寫了奧運的經濟史。

鑑於以往其他國家舉辦奧運的虧損情況，洛杉磯政府在得到主辦權後即做出一項史無前例的決議：第二十三屆奧運會將不動用任何公用基金。自此開創了由民間機構主辦奧運會的先河。

尤伯羅斯接手奧運之後，發現主委會竟然連一家小公司都不如：沒有秘書、沒有電話、沒有辦公室，甚至連一個帳號都沒有。

一切都得從零開始，尤伯羅斯決定破釜沉舟，把自己旅遊公司的股分賣掉，所得的資金用來招募員工，把奧運會商業化，進行市場式的運作。

尤伯羅斯的第一步，是開源節流。他認為，自從一九三二年的奧運會以來，規模浩大、場面虛浮、造勢奢華和開銷浪費都成為一種慣例，因此，他決定想盡辦法來節省不必要的開支。

首先，他本人以身作則不領薪水，在這種精神感召下，有數萬名員工都願意當義工，國家榮譽就是他們最好的報酬。

其次，尤伯羅斯決定沿用洛杉磯現成的體育場，借用當地的三所大學宿舍作為選手村。光是這項決議就節省數十億美金，尤伯羅斯創新思維的功力、膽識實在不容小覷。

第二步，尤伯羅斯把腦筋用在聲勢浩大的「聖火傳遞」活動上。

奧運聖火在希臘點燃後，將在美國舉行橫貫本土的一‧五萬公里巡迴接力跑。尤伯羅斯想出一個相當獨特的捐款辦法：只要肯出錢，就可以舉著火炬跑上一程。

尤伯羅斯實際上是在販賣百年奧運的歷史、榮譽等巨大的無形資產。結果聖火傳遞權以每公里三千美元出售，一‧五萬公里共售得四千五百萬美元。到這個時候，眾人才意識到，原來奧運也可以是一棵搖錢樹。

第三步，尤伯羅斯出人意料地向廠商提出，贊助的金額不得低於五百萬美元，而且強調，奧運會所有場地範圍，包括空中在內，都不准非贊助廠商做商業廣告。

這些苛刻的條件使來自世界各地贊助商的熱情不降反升，一家家知名公司急於加入贊助行列，為了競標，有的廠商甚至還沒弄清楚本身所贊助的室內賽車比賽程序如何，就匆匆簽字。尤伯羅斯最後從一百五十家贊助商中選定三十家，此舉共籌得一億多美元。

尤伯羅斯並採取獨家轉播的方式，讓美國三大電視網你爭我奪、一較高下，結果，美國廣播公司以二‧二五億美元奪得電視轉播權。

尤伯羅斯又首次打破奧運會廣播電台免費轉播比賽的慣例，以七千萬美元把廣播轉播權賣給歐洲、澳大利亞的廣播公司。

另外，尤伯羅斯以高價出售門票，並以該屆奧運會吉祥物山姆鷹為主，設計了相關紀念品推廣到世界各地。

在短短的十幾天內，第二十三屆奧運會扣除總支出，所得的淨利是二‧五億美元，比原來的計劃還多了十倍。

尤伯羅斯本人也得到四十七萬美元的紅利。在閉幕式上，國際奧委會主席薩馬蘭奇向尤伯羅斯頒發了一枚特別的金牌，媒體稱這面金牌為「本屆奧運最大的一枚金牌」。

你的未來，一定要活得比現在精采

俄國作家契訶夫曾經寫道：「你知道才能是什麼意思嗎？那就是勇敢、開闊的思想，以及遠大的眼光。」

不具備開闊的思想及遠大的眼光的人，即使開創出再怎麼偉

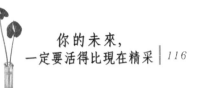

大的事業，也只不過是一時的僥倖，所能維持的也僅僅是短暫的瞬間。

唯有具備不怕失敗的勇氣與鬥志，凡事從各個角度思索，才可能打造最成功的人生版圖；一個不敢迎接生命中的各種挑戰，不敢大膽設想的人，成功之路終將是遙遙無期的。

在現在人的觀念看來，舉辦奧運能賺大錢已經是眾所皆知的事，但是在當時卻是前所未有的創舉。

尤伯羅斯的成功例子，說明了突破傳統的窠臼需要自信和勇氣，更需要一些高明的創新手法。

扭轉既有的事實需要冒險，但是，新大陸往往就是這樣被發現的。

貪小便宜的人最容易吃大虧

沒有人喜歡吃虧，但是卻有很多人存心想佔人便宜，每個人的眼睛都是雪亮的，最傻的人，才會把別人都當成傻瓜。

人最常見的壞習慣，就是愛貪小便宜。

秉著「不誠實賺大錢」的原則，有可能真的讓收入扶搖直上，但是，也容易會因小失大，砸了自己好不容易豎起來的招牌。

有一次，一位台灣人林先生到日本考察，因為人生地不熟，於是他依照雜誌上的介紹，選擇一家中國人開的餐館用餐。菜單上的食物琳瑯滿目，林先生點了幾樣小菜，以及一分他感興趣的湯。

不久，服務生捧來一大鍋熱呼呼的湯放在他面前。林先生當場楞住，詢問服務生：「我只有一個人，這麼大一鍋湯，我能喝得完嗎？」

沒想到服務生聽了非但毫無歉意，反而理直氣壯地回答：「誰叫你點餐時沒有說明是要一『碗』湯呀！」

林先生聽了氣得說不出話來，匆匆喝了幾口湯。但不管湯再怎麼美味，他心裡也都只感到不是滋味，於是，不等其他菜上來，氣沖沖地付了一鍋湯的價錢，便拂袖而去。

後來，他又到一家日本人開的餐廳，點了類似的一分湯，也

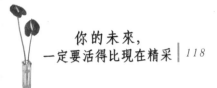
沒有說明是要一大鍋還是一小碗。不一會兒，服務生為他端來一小碗湯，並親切地說：「如果不夠喝，可以再來一碗。」

林先生只喝了一小碗湯，當然也只需要付一小碗湯的錢。以後再去日本，你說他會選擇到哪一家餐廳用餐？

你的未來,一定要活得比現在精采

沒有人喜歡吃虧，但是卻有很多人存心想佔人便宜，光天化日下開黑店，本著就是「來一個坑一個」的想法。

只是，「來一個坑一個」的下場，只會換得「來一個走一個」；短視近利的人，是無法永遠佔便宜的，最後還會因此而吃大虧。

看看那些真正賺大錢的店家，哪個的商品不是真材實料，而且服務品質遙遙領先同業？

每個人的眼睛都是雪亮的，最傻的人，才會把別人都當成傻瓜。

別讓小心變成多疑

多疑有時可以讓你遠離陷阱，但是，多疑
也容易讓你掉入自己打造的牢籠之中。

俗話說得好：「不聽老人言，吃虧在眼前」，但是也只有一句話，叫做「倚老賣老」；究竟哪些人的話可以相信？哪些人的話不要盡信？

輕易相信別人，你可能會上了別人的當，但是不相信別人，你可能又會以小人之心度君子之腹。人生的每一步，其實都是一種抉擇。

阿彬的家住在山丘上，每天下班後，他都要先搭公車到山下，然後再走一大段崎嶇的山路，才能抵達家門。

有一天，工廠加班趕工，阿彬工作到了深夜，下班後，搭同事的便車到山腳下時，天色漆黑一片。

當他走在那段山路上時，突然狂風大作，烏雲密佈，一道閃電打下來，附近的路燈突然熄滅。

此時，阿彬的心情非常緊張，便加快步伐趕路。他越走越快，不知不覺地跑了起來。在倉促間，阿彬突然腳下一滑，整個身子便往下掉……

在千鈞一髮之際，阿彬順手抓住了一根樹枝，驚慌之餘，他

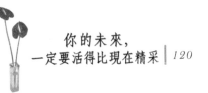

把身體的重量全部攀附在樹枝上。

四周仍是漆黑一片，阿彬低頭往下看，什麼也看不到。他用雙手緊緊地抓住樹枝不放，深怕一放手，腳下便是無底深淵，自己可能再也見不到明天的太陽了。

阿彬無數次地高呼「救命」，希望能碰到路人，把他救上來。不知道過了多久，他終於聽到上面傳來一個聲音：「年輕人！是不是你在喊救命？」

「是啊！求你好心救救我！」

「你要我救你並不難，但是你一定要相信我！」那個人回答。

「好，我一定相信你！」

「真的相信？」

「真的！」

「那好，你就放開你的雙手吧！」

阿彬聽了更加用力地抓緊樹枝，心想現代人真沒有道德良心，不僅見死不救，還想要落井下石。阿彬大聲咒罵那個想害他的人：「你不安好心，想害死我，我才不會相信你呢！」

那個人聽了，沒說什麼，只是搖搖頭走了。

阿彬繼續抓著樹枝苦撐著，隨著時間流逝，他的手麻了，腳也痠了，全身無力。

阿彬終於再也堅持不下去，他的手越來越虛弱，漸漸抓不住樹枝，整個身體像顆球般向下墜落。

「這下子可完了！」阿彬閉緊眼睛，準備迎接死期。但還沒等他叫出口，他的腳便落在堅實的泥土地上。

天終於亮了，阿彬看到那個令他跌落的坑洞，不過是個階梯，他緊緊攀附的樹枝距離地面根本不到兩公尺。阿彬非常懊悔，如果自己能夠相信那個好心的人，不早就轉危為安了嗎？

你的未來,一定要活得比現在精采

多疑有時可以讓你遠離陷阱,但是,多疑也容易讓你掉入自己打造的牢籠之中。惡意就像一層玻璃,當這層玻璃在別人心裡時,你不一定看得到,但是,當這層玻璃擺在你自己心裡時,你透過它,看到的每一件事情都會是負面的。

當別人絞盡腦汁想加害於你時,你無法洞燭機先,預防即將來臨的災難,但是你至少可以褪下自己心房前的那層玻璃,不要讓自己成為絞盡腦汁,用有色眼光看待別人的人。

這個世界,需要你去「對待」的人很多,但是需要你去「對付」的人並沒有那麼多。

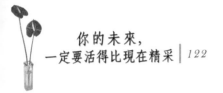
知道極限才能突破

試著了解自己，並接受自己。當你可以自
在大方地笑談你的優缺點，自然能夠引起
別人的共鳴，又怎麼會懷才不遇呢？

　　人們經常感嘆自己懷才不遇，但是，被問到長處、優點在哪
裡，卻又支支吾吾，或是一問三不知。

　　了解別人不容易，了解自己更是高難度。當你真正看清楚自
己，你才能認識自己的極限，充滿信心地衝破極限。

　　一九六○年，甘迺迪競選美國總統時，是歷來最年輕的候選
人，許多民眾雖然欣賞他的聰明才幹，但是不免還是有一些疑慮。

　　雖然他看起來穩重老成，可是年齡似乎不太具有說服力，美
國歷史上從來沒有這麼年輕的人當總統。

　　另外，他的宗教信仰也是民眾再三考慮的焦點；甘迺迪是個
天主教徒，而當時天主教徒只佔美國公民的十分之一。

　　甘迺迪面臨來自四面八方的壓力，他心裡清楚大家的想法，
知道自己的弱點在哪裡，可是他非但不聲東擊西，用迂迴手法來
逃避這些問題，反而針對大家的疑慮挑明了說，盡力把自己的缺
點轉化為優點。

　　競選對手曾經當眾攻擊他：「要當總統，白頭髮總得要有幾
根吧？」

　　但是，甘迺迪絲毫不覺得這是問題，他笑著回答：「頭髮白不白和當總統沒什麼關係，最重要的是，得看頭髮下面有沒有東西！」

　　針對自己的宗教信仰，甘迺迪自信滿滿地說：「正因為天主教徒是美國的少數，如果由天主教徒當上總統，就表示這個國家尊重少數公民。我們開國以來，一直推廣人人生而平等的精神，可以由此得到印證，以後黑人、黃種人，或是其他宗教的信徒，都有當總統的權利。」

　　甘迺迪的解釋一掃大家心中的疑慮，不但獲得廣大的票源支持，更凝聚少數公民的票源。

　　團結力量大，當每一個少數族群都結合起來，便成了多數；甘迺迪因此順利當選美國總統。

你的未來,一定要活得比現在精采

　　俄國大作家高爾基曾在作品中寫下一段勉勵世人的話語：「人的天賦就像火花，可以熄滅，也可以燃燒起來。逼它燃燒成熊熊大火的方法只有一個，那就是把握有限的時間，努力再努力。」

　　想要成功，就要學習甘迺迪總統，不能做「言語上的巨人，行動上的侏儒」，必須採取行動，以積極的做法實踐腦中的想法。

　　甘迺迪最成功的地方，就是他知道自己有幾分能耐，做得到的事情他當仁不讓，無法改變的弱點也毫不避諱。

　　他懂得把自己的長處放到最大，把自己的短處縮到最小，甚至把最讓某一部分人疑慮的地方，轉化為讓另一部分人支持的優點。

　　這樣的人，當然具備成為美國總統的資格。

在你眼中的優點，有可能成為別人眼中的缺點；當然，你自己耿耿於懷的缺點，也有可能會成為你最可愛的地方，最重要的是，你要試著了解自己，並且接受自己。

當你可以自在大方地笑談本身的優缺點，自然能夠引起別人的共鳴，又怎麼會懷才不遇呢？

放下成見，就不會胡亂替人貼標籤

人隨時會變，世界也隨時在變，與其相信你先前所見的，不如放下成見，隨時去看一看更廣大的世界。

　　人們容易隨便給人貼上標籤，諸如是種族、性別、年齡、長相……等，然後據此斷定他們的行為模式：什麼人會做什麼事，在這些人心目中好像已經是理所當然的事。

　　然而，事實往往會向你證明，世界上沒有這麼簡單的事。

　　這是一個有關笑話的笑話。

　　如果講個笑話給英國人聽，他通常會笑三次。你講給他聽時他笑一次，因為那是禮貌；等到你解釋那個笑話給他聽時，他會笑第二次，那也是出於禮貌。最後，他會在三更半夜醒來笑第三次，因為他反覆想了很久，終於弄懂這個笑話的意思。

　　如果你把同樣的一個笑話講給德國人聽，他通常會笑兩次。你講的時候他笑一次，和英國人一樣，是基於禮貌；你解釋那個笑話時，他會笑第二次，那也是因為禮貌。他不會再笑第三次，因為他永遠無法弄懂這個笑話的意思。

　　你把同一個笑話講給美國人聽，他只會笑一次。你一講他就笑了，因為他一聽就馬上懂。可是，當你把這個笑話講給猶太人聽，他連一次都不會笑。

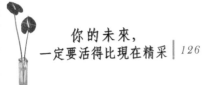
他會訕訕地對你說：「那是老掉牙的笑話了，我聽過不下一百遍；還有，最精采的那個部分你講錯了。」

你的未來,一定要活得比現在精采

爲什麼同一個笑話，傳到不同的人耳朵裡，會有不同的反應呢？

因爲英國人拘謹，腦筋動得不快，卻十分願意下功夫去思考。

德國人一板一眼，毫無情趣，笑話對他們來說不具多少意義。

美國人是腦袋比較靈活的人，他們十分聰明，對任何事情一點就通。

猶太人最世故也最有頭腦，他們天生是背著歷史包袱的悲劇民族，記性特別好，容易學有所成。

這個笑話旨在說明各民族的大體習性，不可否認，民族之間的確有不同的思想方式、風俗習慣，但是，並非所有的美國人都狂放不羈，也不是所有的猶太人都精明吝嗇，世事沒有「一定是」，也沒有「絕對是」。你又何必用先入爲主的觀念，給身邊的人貼上標籤，因而失去進一步了解他人的機會呢？

希拉克里特斯曾說：「你不可能踏進同一條河兩次，當你再踏進去時，它已不是相同的河，因為河水總是在流動。」

人隨時會變，世界也隨時在變，與其相信你先前所見的，不如放下成見，隨時去看一看更廣大的世界。

PART6

無法改變環境，
就設法轉換心境

所謂學習忍耐生活，

是要我們從心靈徹底地覺悟，

當我們無法改變環境時，

就改變自己，用微笑來轉換心境。

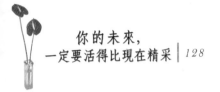

多用腦袋，才不會受到傷害

只要在不違背道德良心的範圍內，適當的
「心機」可以保護自己，還能爭得成就事
業的機會。

斯達爾夫人曾說：「愈是處世圓融的人，愈有寬廣的胸襟。」

的確，肚裡能放一座山才算英雄漢，要做大事的人必須寬宏
大量，即使是你內心不想原諒這個人，但表面上仍然必須表現出
已經原諒他。

在戰場中時常得用到一些「奇謀」，比如緩兵之計、空城計
等等，而日常生活雖然沒有真實戰場中的煙硝味，一些奇謀妙計
有時也能派上用場。

生活中，總會碰到一些令自己討厭的人、事、物，有人對此
選擇走避，有人直接發生衝突，有些則用智慧來面對。

對付討厭的人，吵鬧、謾罵，或者直接攻擊，通常效果不大，
如此行為不僅傷身傷心，還可能壯大對方的威勢。

最輕鬆的解決方法，莫過於寬容地對待。

從前，有個樵夫和美麗的妻子住在小村外的一片森林裡。每
天天剛亮，樵夫就出門砍柴，一直忙到傍晚，才會結束工作返回
家中，享受妻子為他準備好的熱騰騰飯菜。

有一天，樵夫因為斧柄鬆動，無法繼續工作，便提早收工回

家休息。走近家門時,卻意外發現窗戶映出兩個人影。他悄悄從縫細中偷看,原來老婆正和村裡當舖的老闆在家裡偷情。

樵夫不動聲色,若無其事地打開門來,當舖的老闆聽到聲音,嚇得趕緊躲進房間的衣櫃裡。

樵夫天生是個機智的人,並不當場點破,一進門就給妻子一個擁抱,並告訴她:「今天我在工作時,遇到了森林之神,他告訴我,由於我非常勤奮工作,所以賜給我一對千里眼,不僅可以看見幾里之外任何細小的東西,也可以見到常人所不能見到的。」說完就往房間走去。

「現在,我看到房裡藏著一件非常值錢而且奇怪的東西。」樵夫邊說,邊把櫃子上鎖。

他告訴妻子,要將這件寶物拿去賣掉,今後就可以輕鬆過日子,然後他扛著櫃子,便往村子的方向走去。

不久,他走進當舖,一把將櫃子丟在地上,把躲在裡面的當舖老闆摔得七葷八素。

樵夫對夥計說:「這個櫃子跟裡面的東西都非常值錢,我用兩百個金幣出售,你可以考慮一下要不要買。」說完,樵夫就走到門外,悠閒的抽起水煙,等待夥計慢慢考慮。

這時候,在櫃子裡悶到快窒息的當舖老闆對夥計高聲喊叫,要他趕快把錢付清,好放他出來,於是,樵夫就帶著兩百個金幣快樂地回家了。

你的未來,一定要活得比現在精采

這是一則日本的古老寓言,當舖老闆最後為自己的行為付出代價,並被另類的方法狠狠修理了一頓,對樵夫而言,則不僅報

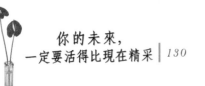

復了戴綠帽的恥辱，還得到了一筆賠償金。

如果樵夫當下動怒，勢必會出現難堪的局面，甚至會發生毆鬥的可能，既然事情都已發生，何不轉個念頭，換個軌道去想，將傷害化到最小呢？

有句阿拉伯諺語說：「越是面對對不起你的人，越是要寬大為懷。」

一味剛強處事，只會斷送自己的前途，因為有時將敵人逼到絕境，反撲的力量反而更大。

多用腦袋才不會讓自己受到傷害，適度的「寬容」可以保護自己，也可以掌握成就事業的契機。

以貌取人，吃虧就是自己

第一印象常常由外表開始。但是，相由心生，就算沒有出眾的外貌，只要整齊、乾淨，充滿笑容，就能給人舒服的感覺。

散文詩名家紀伯倫曾經說過一個寓言故事：

有一天美和醜在海邊相遇，便一起在海裡洗澡。它們各自脫下衣衫，在海裡盡情游泳，但是沒多久，醜就上岸，穿上美的衣服離開了。

等到美從海裡出來後，由於找不到自己的衣服，又不敢赤身裸體，不得已只好穿上了醜的衣服。

直到今天，許多人仍然常常分不清美醜的定義，尤其在愛情的路上。以外貌來評斷人事物，往往最不客觀，但卻是人們最容易犯的錯誤。

其實，一個高貴、勇敢、美麗的靈魂，要從內在來發覺，不是嗎？

從前，某位皇帝的皇宮有一座雄偉又美麗的花園，裡面有各式各樣的花、草、樹木，蜜蜂、蝴蝶和小鳥都喜歡到花園裡玩耍。

當人們經過花園外的圍牆時，常會被一陣悅耳又迷人的鳥兒歌聲所迷住，有人就寫了一篇文章讚美那隻唱歌的小鳥，並且稱牠為「夜鶯」。

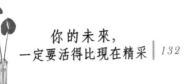
　　這事傳到皇帝的耳中，令他大感訝異，他從不曉得自己的花園裡住著這樣一隻神奇的鳥兒。於是，皇帝就命令一位侍衛，非要找到這隻夜鶯不可，否則就要砍掉他的腦袋。

　　接到命令後，侍衛在花園裡不斷地尋找，可是就是看不到夜鶯的身影，到了傍晚，他失望地停下腳步，坐在大石頭上休息。

　　這時，來了一個小姑娘，看到侍衛垂頭喪氣的模樣，就問他發生了什麼事，了解情況後，小姑娘微笑說：「我有辦法帶你找到夜鶯，不過要等到天黑之後。今天是月圓，夜鶯會在楊柳樹上唱歌。」

　　果然月亮出來後，侍衛在楊柳樹下看到了夜鶯，便懇求夜鶯跟他回宮去，否則自己的小命就不保了。

　　夜鶯答應侍衛的要求，跟著他一起進宮。

　　皇帝跟臣子們聽完夜鶯的歌聲後，都忍不住流下感動的淚水來。皇帝問夜鶯想要什麼獎賞，夜鶯回答他：「您的眼淚，就是我最好的獎賞。」

　　皇帝因為太喜歡那美妙的歌聲，深怕夜鶯會離開，便用十二條絲線綁在夜鶯的腳上，並要十二個僕人牽著線跟隨牠。

　　夜鶯雖然過著很好的生活，卻失去了自由。

　　有一天，外國使者送來一個盒子，裡面裝的是一隻用金子和寶石做成的夜鶯。使者告訴皇帝：「我國獻上的這隻金夜鶯，比那隻灰色的夜鶯漂亮多了，只要把它肚子下的螺絲旋緊，它就會唱歌給你聽。而且它會唱著同一首歌，不像夜鶯那麼沒規矩的亂唱。」

　　皇帝從此迷上了金夜鶯，忘了夜鶯，不久之後，夜鶯扯斷腳上的絲線，悄悄離開了皇宮。

　　日子一天天過去，宮裡傳來皇帝病重的消息。有一天晚上，

死神來到皇帝的床邊要將他帶走，皇帝害怕地大叫：「金夜鶯，趕快唱歌啊！」但是因為沒有人替它上發條，所以金夜鶯一動也不動。

這時候，寢宮裡突然傳來一陣清脆的歌聲，原來是夜鶯回來了，死神聽到歌聲後流下了眼淚：「我好久沒聽到這麼動人的歌聲了，謝謝你，小夜鶯。」說完就離開了。

你的未來,一定要活得比現在精采

灰黑不起眼的夜鶯，雖然沒有亮眼的外表，卻有自主的意識和天賦，牠的歌聲甚至能感動死神，可是和故事中的皇帝一樣，人們常被事物的外表迷惑，往往要等最後關頭才有所覺悟。

不可諱言，我們至今仍然生活在以貌取人的社會，第一印象常常由外表開始。但是，相由心生，就算沒有出眾的外貌，只要整齊、乾淨，充滿笑容，就能給人舒服的感覺。

相反的，即使外表再美麗，若是沒有內涵，又常苦著一張臉，久而久之，還是會讓人識破那只是個包裝過後的空殼子。

做人寬容，做事才會圓融；凡事不要以貌取人，否則吃虧的將會是自己。馬不用駿馬，只要會跑就行，不管是白貓、黑貓，能抓住老鼠的，就是能夠幫助自己解決問題的好貓！

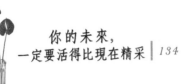
無法改變環境，就設法轉換心境

所謂學習忍耐生活，是要我們從心靈徹底
地覺悟，當我們無法改變環境時，就改變
自己，用微笑來轉換心境。

　　人是群居的動物，只有學會與他人和諧相處，才能生活愉快。
想要事事如己所願是個天方夜譚，因此，學習容忍生活中的不便
之處，並泰然處之，是處世的重要法則。

　　就像我們常常見到許多愛子心切的父母，為了讓孩子有良好
的讀書環境，極盡所能地營造一個安靜的空間，全家小心翼翼，
就怕弄出一點噪音來，但是在這樣環境下苦讀的孩子，卻不一定
會有好成績。

　　因為，週遭太過安靜的情況下，反而容易因為一丁點小聲音
就受到嚴重的干擾。保護過度，只會造成反效果。

　　有一個男人，個性內向不多言，獨自一人經營著農場。他細
心照顧牲口，整理週遭環境，過著日出而作、日落而息的規律生
活。一天的辛勞過後，他喜歡端著一杯茶，坐在庭院裡享受大自
然的寧靜。

　　日子一天天過去，年紀越來越大的他覺得應該是成家的時候
了，於是娶了一個可愛的女人，並生下幾個孩子。可是，他的妻
子天性活潑，又是一個大嗓門，忙完一天的家事後，似乎仍有用

不完的精神，總是嘰哩呱啦地說個不停。此外，孩子個個都是母親的翻版，整天衝來衝去、大叫大笑，玩得渾然忘我，沒有一刻靜得下來。

　　喜歡安靜的他再也受不了了，無助地跑去找上帝，希望能得到解決的方法。當他走進教堂時，發現上帝正面對牆上的自己，低頭祈禱著。

　　男人見了，十分納悶地問：「親愛的主啊！為什麼您也在禱告呢？您不是萬能的嗎？」

　　上帝在胸前畫完十字架才回頭對他說：「孩子，自己的問題必須自己解決，我能做的只是傾聽並給予建議。你看，我也要對自己傾訴煩惱呢！」

　　男人聽完並沒有離開，不放棄地懇求：「萬能的天父啊！您再不救我，我可能永遠看不到您了，我快被家人的噪音淹沒了……」

　　上帝嘆了口氣說：「你回家後，把家裡所有的牲口全部關到屋內，一週後問題就解決了。」

　　男人半信半疑地回家了。

　　一個禮拜過去，男人面容更憔悴了，不滿地告訴上帝：「家裡更吵了。人聲、牲畜叫聲、彼此嬉鬧聲……快把我搞瘋了！我寧可下地獄和撒旦相處，也不想待在家裡！」

　　上帝滿臉微笑，不慌不忙的回應：「現在，你回家把所有牲畜趕出屋內，打掃一下房間，一個禮拜後再來見我。」

　　還不到一週，男人便迫不及待來到上帝面前，滿臉興奮地說：「親愛的天父啊！感謝您！我現在覺得世間是如此的安寧和幸福。」

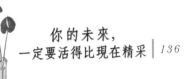

你的未來,一定要活得比現在精采

　　男子感謝上帝重新賜予他安寧和幸福日子，可是他的生活與一週前並無差別，會有改變的感覺是出自於有所比較。

　　但不是每一個問題，在比較過後都有重來過的機會，因此，改變自己的心態來適應生活，就變成一件重要的事。

　　所謂學習忍耐生活，並非如同字面上的意義，只是要求人忽視不愉快的地方，而是要我們從心靈徹底地覺悟，當我們無法改變環境時，就改變自己，用微笑來轉換心境。

　　當然，每一個人的身體機能不同，感受度亦不同，不能用同樣的標準來要求，這時候只能寬容地對待，從兩個極端中求出最佳的平衡點。

發揮創意便會湧現商機

看起來似乎不起眼的東西,也會帶來商機。生活中處處充滿商機,只要仔細留意,一定會有發現。

生意人說:「世界上到處都是錢。」

準確地抓住時代的潮流與需求,知道顧客要什麼,就擁有商機。一個商品的賣點除了本身的價值,更在於它在社會上的價值,誰能最先發現並且把握它,誰就是贏家。

人的一生中,有許許多多的機會在等待著我們,不論是大是小,我們都要謹慎地面對它。或許今天錯過了,還會有其他的機會,但是如果我們一直沒有去察覺機會的本質與內涵,並加以運用,那麼即使機會抓在手中,也無法好好將它發揮。

冰淇淋剛出現時,只能盛在盤子上吃,並不像現在有各式各樣的吃法。

一九四〇年的夏天,世界博覽會在美國的一個城市舉辦,短時間內,大批的觀光人潮湧入主辦城市,將會場擠得水洩不通。

哈姆威廉當時是個糕點小販,在主辦單位允許下,在會場外出售甜脆薄餅,隔鄰攤位則是一個冰淇淋小販。由於天氣炎熱,購買冰淇淋的客人也特別多,但是盛裝冰淇淋的小碟子不夠用,所以很多客人得排隊等其他人吃完,退回碟子,才能再盛上冰淇

淋，趕緊吃上一口消暑解熱。

　　哈姆威廉看到這種情況，突然靈機一動，心想可以把自己的薄餅捲成一個小圓錐形，再將「錐子」倒過來，用來代替碟子裝冰淇淋，而且薄餅還可以當點心吃。當他一提出這個建議，很多顧客便群起效尤，並且吃得津津有味，後來所有客人都指名要用薄餅代替碟子裝冰淇淋。這種新奇的吃法，吸引了更多人前來品嚐，兩家攤子的生意因此絡繹不絕。

　　後來，甜脆薄餅經過多次改良，就成為我們現在常見的甜筒。

　　相同的創意發想，也發生在格林伍德身上。

　　格林伍德十五歲那年收到一份特別的聖誕禮物──一雙冰鞋。他從小就渴望有一天能在冰上滑冰，如今這個願望終於實現了。

　　格林伍德來到離家很遠的小河上，穿上滑冰鞋溜了起來，當時河水早已凍成厚厚的冰層，由於天氣太冷，溫度又不斷下降，風吹過耳朵，就像刀割般疼痛。他溜了一會兒，再也忍不住，就戴上罩住整個頭的皮帽子。可是這帽子把他的頭包得緊緊實實，不留一絲空隙，時間一長，汗水全悶在裡面，讓他覺得很不舒服。

　　伍德心想，要是有一個專門遮住耳朵的套子，一定會更舒適。回到家，他和媽媽討論過後，媽媽就按照他述說的形狀縫製一雙棉耳套。

　　格林伍德戴上棉耳套再度溜冰時，果然起了保暖的作用，很多人看見了，紛紛上前詢問，也希望能擁有一雙耳套。

　　後來經過多次改良，耳套做得更加舒適、美觀且實用，於是他們向美國專利局申請了專利權，稱它為「綠林好漢式耳套」。

你的未來,一定要活得比現在精采

美國作家庫爾特‧馮尼古特在《第五號屠宰場》裡寫道：「生活是美好的，每個人都有過相當多機會，無論你是否利用過。」

不管是甜筒或耳套，這些看起來似乎不起眼的東西，也會帶來商機，甚至擁有智慧財產權，可見創意的背後利潤相當龐大。

生活中處處充滿商機，只要仔細留意，一定會有發現。

無論古今中外，成功的人通常具備一種特質，那就是「精益求精」。只要對自己的工作投入、充滿熱忱，我們就會從過程中發現問題，並且設法處理。把這樣的精神運用在生活中，成功的機會自然也比別人多。

把握機會，善用機遇，別讓它從你手中悄悄溜掉。

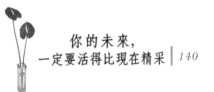
相信自己，未來就在你手中

回歸到最原始、最純淨、自然的心靈領域，就能聽見內心最深處的聲音。只要我們願意，隨時都可以達到這樣的境界。

　　電影人人愛看，然而若是在心靈中放映的「電影」呢？你是否會感到疑惑、害怕，甚至想逃避，不敢面對？

　　有人說，夢境反應著現實生活，夢中的景色、情節、人物等等，都和日常的生活經驗息息相關，只要我們正視它，就能發現其中的相關與奧妙。

　　但夢境畢竟是虛幻的，因此許多人選擇一笑置之。可是，內心的聲音，潛意識中出現的直覺呢？

　　人往往相信看得見的具像事物，卻不願意聆聽心靈給予我們的訊息。

　　我們的直覺有些是來自於本身的知識判斷，但是因為我們對自己沒信心，而忽略了這個無窮的力量。殊不知，那些奇蹟都因為直覺加上信心，才能創造出前所未有的局面。

　　康拉薩・希爾頓曾是一名飯店經理，後來建立了聞名國際的希爾頓帝國。他認為自己能擁有如此的成績，是因為相信直覺，相信自己擁有靈活且敏感的預知能力。

　　就像某次，他打算買下一間芝加哥的老旅館來改裝經營，拍

賣會決定由出價最高的人得標，而投標的數字將在開標當天公布。

開標的前幾天，希爾頓設定了一個數目，十六萬五千美元。但就在投標的前一天晚上，他在睡夢中感到一陣心煩，似乎有什麼事不對勁，強烈的感覺到這次的投標會失敗。

再三考慮後，希爾頓決定再將價錢提升到十八萬美元。

開標後，希爾頓果然順利得標，而且比第二名投標者的十七萬九千八百美元只多出兩百美元。

大家都覺得希爾頓眞是太幸運了，然而他本人卻認爲，這全是因爲聽從內心的聲音。

由於預感總是在關鍵時刻提醒了他，因此希爾頓相當重視心靈深處的探索。

從年輕時，在德克薩斯州買下第一間旅館開始，他就不停地收集相關知識，雖然他並未仔細地研究、整理這些資料，但是這些知識一直潛藏在他的腦海裡，並整合成一個巨大且隱密的資料庫。每一次的決定，希爾頓都會聽從大腦告訴他的指令，當他覺得哪裡有問題時，便會靜下心來，聽聽內心的聲音，這些聲音也從沒有辜負他的期待。

你的未來,一定要活得比現在精采

希爾頓的直覺並非僥倖的碰運氣，他曾花過一翻苦心收集相關資訊，大腦也會在適當的時候提供他意見，提醒他該注意的地方。這樣的能力人人都有，可是能充分運用的卻沒幾個。

每一個人都是不平凡的，不過大多數人卻不明瞭自己的能力，庸庸碌碌過一輩子。根據統計，人的一生到臨終之前，只運用了百分之三至四的腦力，因爲缺乏對遠景、對心靈的再開發，所以

沒有傲人的成就。

　　現代許多熱門的禪修課程主張的就是回歸到最原始、最純淨、最自然的心靈領域，如此才能聽見內心最深處的聲音。

　　只要我們願意，隨時都可以訓練自己達到這樣的境界，留意每一個來自心裡的感覺，面對它，重視它，更重要的是，要相信成功和信心是一體兩面。

別讓傳統成為前進的沉重包袱

傳統不是枷鎖，是讓自己更進步的基石。
不管對傳統或者新知，都必須給予尊重，
這些都是經驗與知識的來源。

在二十一世紀的社會裡，科技的發展大大改變了人類原有的
生活型態，其中影響最大的就是大眾傳播媒體。雖然它帶給人們
更多獲得知識的機會，但是就另一面來說，它又像一種無形的催
眠，讓我們生活在被動而不自知的環境下，忘了用腦思考，只是
盲目接受。

再看到集幾千年智慧結晶而成的傳統。傳統之所以形成，必
定有它的道理，但是不一定適用於不斷改變的環境，因此在吸取
傳統經驗的同時，也要設法超越它，才能得到真正的智慧。

倘若只知緊抓著傳統的衣角，卻不了解傳統的內涵，還自以
為是地以短淺的認知來規範他人，不僅害人也害己。

一隻與人類共同生活多年的花貓，年歲大了之後身染重病，
已經回天乏術。牠知道自己快要離開人世，便命令身邊的小花貓
們趕快將女主人請來見最後一面。女主人取消原訂的約會，匆匆
忙忙趕了過來，手上捧著一束花，神情哀戚地走到老花貓的病榻
旁。

「親愛的主人，我再也無法陪伴在妳身旁了……」老花貓勉

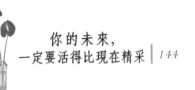
強地開口。

原本想伸出手撫摸老花貓的女主人，一看到床邊掛著的病歷表，以及上面列出的一行行病狀時，手便又縮了回去，只說了一句：「你安心休養吧！我已經向菩薩祈求讓你早日康復。」

「不行！來不及了！」老花貓用盡全身的力氣說著：「我已經快要死了，趁還有一口氣在，我有一個小小的心願，希望妳能看在我忠心耿耿陪伴妳多年的份上，無論如何都要答應我的請求。」

「說吧！我的小寶貝。只要我做得到的，我一定盡力去做。」女主人看到老花貓的情況，忍不住哭了起來。

「那麼……當我離開這個世界之後，請妳不要把我的身體掛在樹枝上。」

「原來是這件事啊！這個簡單，我不但照做，而且還會為你訂製一個小棺材，再請裁縫為你縫一套壽衣，讓你安安心心地離開。」

老花貓聽完，就帶著微笑離開了。

然而，就在當天下午，老花貓的屍體竟然被懸掛在附近草叢中一棵檜木的樹枝上，旁邊還坐著主人養的那隻以善盡職責出名的老黃狗。

小花貓們看到老花貓的屍體被掛在樹上，紛紛表示抗議，責怪主人不守承諾。牠們群聚在樹旁，準備將屍體解下來，這時候老黃狗突然露出尖牙，惡狠狠地將小花貓趕離樹旁，並且擺出備戰姿態說：「老花貓的屍體一定得掛在這裡，這是幾千年來的老傳統，不遵守不行。」

「傳統？」小花貓們懂的不多，擔心觸碰禁忌，於是緩和了態度。

「我就是傳統，而且是傳統的象徵和代表。」老黃狗得意地大笑。

小花貓們聽完，只能不滿地離開了。

你的未來，一定要活得比現在精采

古羅馬思想家塞涅卡曾經諷刺地說：「堅持傳統有什麼用呢？這是老婦人，甚至是無知老婦人的哲學。」

老黃狗真的了解什麼是傳統嗎？或許花貓們不了解傳統，只是懾於牠的威力而無力反抗，但這並不代表牠們願意接受這樣的規範。反而是可悲的老黃狗，口口聲聲都是傳統，卻不了解為什麼要這麼做。如果牠知道哪天自己也必須遵照傳統，隨波逐流「放水」而去，就不會得意地坐在那裡了。

傳統不是枷鎖，而是讓自己更進步的基石。不管待人或者處世，都必須提醒自己寬容以待，生命才會更加圓融。

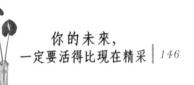
不發揮天賦，便是對自己的辜負

任何一個有天賦的人，如果不能發揮自己
的特長，不管擁有多好的能力，都只能留
在原地踏步。

　　春風得意時，旁人恭維的話必定少不了，難免會讓人產生得
意滿足的心理，日子過久了，就以為可以高枕無憂而鬆懈了兢兢
業業的精神，甚至因為過於自滿而得意忘形。

　　這時候，只要隨便一個打擊，都很有可能讓人慘敗收場。因
為，忘卻了最初的堅持與努力，習於安樂之中，很容易讓一個人
喪失鬥志。

　　勝不驕、敗不餒，別因一帆風順而放鬆了綁住帆布的線，否
則大浪打來，隨時都要面臨翻船的危機。至於身處逆境也不必萬
念俱灰，要知道條條大路通羅馬，只要懂得發揮天賦，人生的道
路就不止那麼一條。

　　在一間理髮店裡，有一把非常漂亮的剃頭刀，光滑銳利的刀
刃、雕刻花紋的木柄，顯得十分出色。

　　客人們都喜歡讓這把剃頭刀服務，不管是頭髮或鬍鬚，只要
三兩下，就可以刮得清潔溜溜，舒服得像一雙巧手在臉上按摩。

　　有一天，主人出門辦事，剃頭刀突然興起一股念頭：自己工
作那麼久了，每天望著玻璃窗外的街道，卻從來沒有到外面的世

界冒險，一定得出去闖蕩一番。

因此，剃頭刀將自己鋒利的刀刃抽出刀框，抬頭挺胸，昂首闊步地走出理髮店。才到了門口，燦爛的太陽光射來，照得刀刃閃閃發光，亮光折射到牆上，形成一幅動人的畫面，剃頭刀看得有些癡迷了。

「我是如此的光彩迷人，難道一輩子就只能待在那間小小的理髮店？」剃頭刀大聲地告訴自己：「不，我絕對不回去！我受夠了整天埋在一堆泡沫中，為粗魯的傢伙刮著滿臉骯髒的鬍鬚和一頭雜亂的頭髮。像我這樣的高貴，怎麼可以繼續做那些粗俗的事呢？」

於是，剃頭刀找了一個偏僻的地方，將自己藏起來。

幾個月過後，進入了陰雨綿綿潮溼的秋天，躲起來的剃頭刀開始感到寂寞了，最後決定從隱居的地方出來透透氣。

當它站起身子，離開陰暗的角落時，突然大叫一聲：「哎呀！不得了了！」

原來，剃頭刀的刀刃變鈍了，而且還長滿紅色的鐵銹，連漂亮的刀柄都被蛀蟲給咬出一個一個的洞，太陽再也無法在刀刃上映出光芒了。

剃頭刀跌坐在地上，難過地放聲大哭：「為什麼我那麼愛慕虛榮呢？我的主人是如此珍惜我啊！他那麼肯定我的工作能力，每天把我照顧得好好的，但是，看看現在的我成了什麼樣子啊！」

你的未來,一定要活得比現在精采

詩人歌德曾說：「即使是最偉大的天才，如果他把一切都歸功於自身，那麼他將無法再前進一步。」

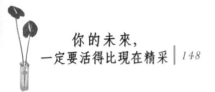
任何一個有天賦的人，如果不能發揮自己的特長，不管擁有多好的能力，都只能留在原地踏步。

自滿的剃頭刀沾沾自喜於自己的才能，不再往前求進步，最後只能長出斑斑鐵銹，能力也枯竭了。

有時候，平淡也是一種絢爛的表現，不因高人一等而洋洋得意，反而能展現出成熟之美。每一個人都是塊美玉，唯有保持柔軟的心態，經過多次的磨製，才能散發出光彩來。

貪戀小利會讓人失去機運

忍耐不等於消極忍受，人要了解自己的能耐，勇敢主宰自己，不能光依賴一份小小的利益，便忘了所遭受到的不平等待遇。

雖說人生而平等，但這只是個崇高的理想，現實環境裡，仍無可避免地會遇上許多不公平的事。

不管是誰，遇到了不合理的待遇，很少能無動於衷，只怕在「習慣」的催眠下，麻痺了自己的感覺而不自知，這才最讓人擔心。

有些人可以咬著牙，忍受不公平的待遇，因為他們很清楚，這只是一時的情況，不會是一輩子。他們精打細算並期待著在這樣的環境中可以得到額外的利益，一旦時機來臨，就能馬上做出一番創舉。

年輕人較容易衝動，可能無法耐著性子忍受這樣的磨練，因此他們會挺身抗爭，說出自己的不滿，或許會跌得鼻青臉腫，但這也沒什麼不好，有時候就是需要一些不同的聲音來平衡時局。而且，年輕就是本錢，跑累了，休息一下，又可以重新出發。

楚國有一個靠養猴維生的人，大家都叫他狙公。他每天訓練猴子雜耍，到市場表演給外地人觀賞，賺取一些費用。

除此之外，每天早上他都會將所有的猴子集中在庭院裡，分

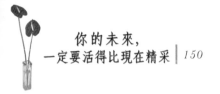

成幾小隊，並且讓年紀大的猴子帶領年紀小的猴子進入山中採果實。

探下來的果實，他只把十分之一分給猴子當一天的所得，剩餘的除了留下來自己享用之外，還拿到市集販賣。如果有猴子不肯交果子，或者果子的數量不足，狙公就會拿起竹子狠狠鞭打牠們。所有的猴子都很害怕狙公，覺得日子過得很痛苦，可是又不敢違逆。

有一天摘完果實，又被帶到市集表演過後，所有的猴子都累得躺在地上。一隻年輕的猴子拿著手上分到的水果，疑惑地問起年長的猴子：「山裡面的水果都是狙公種的嗎？」

老猴子說：「當然不是狙公種的，是原本就生長在那兒的。」

年輕的猴子又問：「除了狙公外，其他人都不可以摘那些果子嗎？」

老猴子遲疑了一下，回答道：「不，只要想要的，大家都可以去摘。」

年輕的猴子說：「既然如此，那我們為什麼還要辛辛苦苦為他工作，然後領取那一點點的果實呢？為什麼不為自己摘取就好？」

所有的猴子聽到這番話，都突然頓悟了。那天晚上，趁著狙公熟睡的時候，牠們悄悄破壞籠子，並把狙公放在倉庫裡的果實統統拿走，逃往山中，不再回來，狙公失去賴以維生的猴群，就這樣餓死了。

你的未來，一定要活得比現在精采

人生最重要的，就是做自己的主人，如果自己不能為自己下

決定，那麼這個社會陷入混亂是遲早的事，因為每個人都得受限於別人。

　　當然，要當自己的主人，也是有先決條件的，那就是要對本身的人格特性清楚了解，而且不自私。

　　一生中，難免會遇到挫折與打擊，或者處於困境中無法逃脫，這時候忍耐的功夫就很重要了，但是忍耐不等於消極忍受，而是為了度過黎明前的黑暗。人要了解自己的能耐，勇敢主宰自己，不能光依賴一份小小的利益，便忘了所遭受到的不平等待遇。

　　或許忍受能換得生活無虞，但是這就像由沙雕成的城堡，看起來雖然美麗，一旦大浪打來，終將化為烏有。一味依賴別人，當你沒有利用價值時，極有可能被一腳踢開，一切成空。

別讓智慧成為紙上談兵

智慧是從生活中一點一滴累積而來，並且也是不斷成長的。如果滿足於現狀而不求進步，那麼這個寶庫只會慢慢地流逝。

有個巧妙的比喻是這樣說的：「書本就像降落傘，打不開也沒有用。」

知識是開啟人生旅程的鑰匙，書本則是走向智慧殿堂的道路。具備豐富的知識，可以讓觀察力更敏銳，處理事情也能更有效率；閱讀書籍則能增廣見聞，讓自己的學識更加淵博。

但是知識是死的，人是活的，如果不會思考、運用，再多的知識也只是「打不開的降落傘」。

並非所有的書籍或知識都是正確的，所謂「盡信書不如無書」，吸收學習的過程也要學會判斷，做到真正的「開卷有益」。

從前有一隻烏龜認為世界上最長壽的動物非自己莫屬，因此必須讓自己更加偉大。於是牠左思右想，要怎樣做才能達成願望呢？做一件轟轟烈烈的大事？征服世界上最高的山？還是賺很多很多的錢？

後來牠終於想到了，只有智慧才能戰勝一切，因此牠要當世界上最有智慧的動物。從那天起，烏龜開始周遊列國，到處尋找智慧，並將收集來的智慧全都裝在葫蘆裡。

　　牠希望能獨佔全部的智慧，這樣一來，不管是誰，不管遇上多麼小的問題，大家都必須請教牠，甚至可以收費做生意，順便賺上一大筆錢，讓自己不但聰明，還很富有。

　　每當烏龜又找到一個智慧時，便就將樹葉捲成的蓋子小心翼翼地打開，深怕智慧一不注意就從葫蘆裡溜出來。

　　就這樣過了好多年，有一天，牠覺得自己已經收集完世界上所有的智慧，便決定要將這個葫蘆藏到所有人都找不到的地方去。於是牠將葫蘆抱在胸前，往海底游去，打算將葫蘆藏在海底最深處。當牠游到海底，好不容易挖出一個洞時，突然一陣激烈水流沖來，葫蘆又被帶回到水面上。

　　烏龜覺得藏在海底不安全，於是便帶著葫蘆回到陸地，坐在石頭上沉思。微風吹過，一片葉子落在牠身上，牠突然大叫了一聲：「就將葫蘆藏在全世界最高的山上，這樣誰也拿不到了！」

　　說完烏龜馬上提起精神，往山的方向走去。牠來到山腳下，看著一塊塊大岩石，就用一根繩子將葫蘆綁起來，掛在脖子上，然後開始往上爬。

　　當牠努力地想跨出第一步時，葫蘆卻垂到肚子前面，妨礙牠爬山，就這樣試了很多次，連一塊大石頭都爬不上去。

　　這時候，有一位坐在路邊休息的旅人開口了：「你為什麼不把葫蘆掛在背上呢？這樣不就好爬多了。」

　　原來他已經在那兒看了好一陣子，終於忍不住開口建議烏龜。

　　烏龜一聽，才驚覺到世界上還遺留著好多的智慧，這樣辛苦地蒐集，只是白費力氣，因此牠就把葫蘆往地上一摔，智慧也碎成一小片一小片，隨著風飛向了全世界。

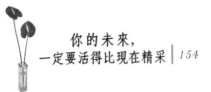

你的未來,一定要活得比現在精采

德國哲學家費爾巴哈說：「沒有智慧的人就會受人欺騙，被人迷惑，任人剝削。只有充滿智慧的人，才是自由和獨立的人。」

智慧是從生活中一點一滴累積而來，並且也是不斷成長的，就像有生命的植物，只要用心照顧，勤於灌溉，也會開花結果。如果滿足於現狀，而不求進步，那麼這個寶庫只會慢慢地流逝。

囤積智慧，要適度開封使用，最少要知道東西放在哪裡，否則就會像烏龜一樣，花費許多時間收集，卻不知適時應用，最終只換來一場空。當然，牠的努力並非完全白費，至少從中學到了：「智慧是無窮盡的。」

PART7

多用一點心，
就多一點機運

只要多一點留意，

就能免除掉很多的麻煩，

更可能為自己帶來好處。

一個小小的細節，都有可能造成大大的影響。

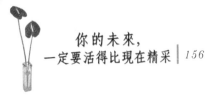

小心脫口而出的話成為傷人的利刃

劈頭亂罵不僅會造成雙方的不愉快，甚至
會在對方心靈上留下傷痕，即使結痂的傷
口也會留下痕跡。

是否曾經感覺過，聽了某些人說話之後，總是讓人特別不舒
服呢？

其實，仔細想想，這些人的出發點並非惡意，只是他們表現
的方式常常讓人無法接受。

說話的口氣，能表現出一個人的情緒與修養。有些人說話的
語調總是特別重，像是在罵人，誤會也就因此產生。

也有些人，總是以刻薄的眼光來看事物，以批評代替溝通，
如果再配上聲量和語氣，就會有潑婦罵街的情況出現。

古時候，有一個脾氣非常差的人，常常動不動就對人破口大
罵，而且罵得非常難聽，絲毫不給對方留一點面子。

他有一個很特別的習慣，就是在吃東西時罵得最兇，邊吃邊
吼，嘴裡的食物和著口水四處橫飛。僕人們最討厭服侍主人吃飯，
只要他一吃東西，必定把僕人罵得狗血淋頭，甚至摔破碗盤、亂
丟湯匙跟筷子，讓僕人疲於奔命地清掃，一天三餐，沒有一天不
是這樣。

所有飯館的老闆都討厭他，但是來者是客，又不能把他趕出

去，只好一再忍讓。有一天，一家酒店的老闆再也忍不住了，就在這個人酒足飯飽要離開之際叫住他：「我有一隻很優秀的狗想送給你，這隻狗跑得很快，而且擅長追捕獵物，把牠送給你真是再適合不過啊！」

那人帶著狗，就這樣一路走回家。回到家後，他又覺得肚子餓了，就要僕人準備飯菜。當他拿起筷子準備吃飯時，突然心血來潮要僕人把狗也帶過來餐桌旁，要狗兒陪他一起吃。

當碗放到狗面前時，狗並不急著吃，反而仰起頭，開始狂吠，叫過一陣子後，才低下頭吃飯，吃不了幾口，又開始亂叫。就這樣一邊吃一邊吠，只見食物噴得滿地都是，吃完後，這狗竟然還一腳把碗給踢翻。

從此，主人坐在上面邊吃邊罵人，狗也在腳下亂叫，每一頓飯都會有這樣的畫面。直到有一天，僕人忍不住笑了出來，他才發現原來酒館老闆用一隻狗來譏諷他，但自己卻始終沒有發現，白白成了大家口中的笑話。

你的未來，一定要活得比現在精采

當故事中的主人看著那隻亂叫的狗，是自傲於牠得到自己的真傳，還是感到是種對自己的侮辱呢？

這個故事除了告誡我們要注意自己的脾氣外，更要隨時反省自己，以旁觀者的角度來了解別人如何看待自己，並從中找出需要改進的地方。

有些人習慣於用責罵來處理生活中的大小事，甚至沒有搞清楚狀況就劈頭亂罵，這樣不僅造成雙方的不愉快，甚至會在對方心靈上留下傷痕。

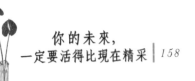
　　尤其是許多長輩對待晚輩，因為有著濃厚的血緣關係，所以責罵起來更是不留情面。對晚輩而言，別人的辱罵尚可不予理會，但若連親人都如此對待自己，所造成的心靈上的傷痛必然很深，這個傷害絕對不是事後稍加關懷就可以輕易彌補的。

　　我們都知道，結痂的傷口也會留下痕跡，所以我們更注意自己的言行，別在不自覺中，讓出口的話成為一道利刃，要知道即使不是有意，也可能會深深地傷害了對方。

讀懂人心是成就事業的第一步

若是光從自己的角度思考，而不站在客戶的立場考慮，那麼將不會得到對方的信任，更無法成功。

　　任何工作，只要和販賣商品扯上關係，不管是實質的貨物，或者抽象的知識，都少不了「攻心」之計，廣告的氾濫，就是最好的見證。

　　在公司所有的部門中，業務部門的辛酸大概是數一數二的。要如何讓別人心甘情願掏出錢來購買自己的商品，實在是一大學問。他們常常得低聲下氣看人臉色，有時還要裝出一副可憐樣博取同情，當然不乏有更惡劣的恐嚇、暴力手段，但是不管是哪一種，都非長久之計。

　　范伯先生是電力公司的員工，有一次在賓夕法尼亞進行業務考察，發現當地用電的人數不多，不禁好奇地問區代表為什麼會有這樣的情況發生呢？

　　「他們全是一群守財奴，而且無法接受新的事物。」區代表以厭煩的語氣回答這個問題：「你不可能讓他們花錢買下任何東西，相信我，我已經試過很多次了。」

　　范伯先生聽完後並沒有因此感到灰心，當他經過一家整齊的農舍時，決定要上前推薦用電的好處，這時區代表在旁好心的提

醒：「你確定要這樣做？他們對電力公司沒什麼好感喔！」

一陣敲門聲過後，農舍的主人羅根夫人將門打開了一小條縫隙，卻沒有邀請他們進去的意思。當她一聽對方來自電力公司，便當著他們的面將門「碰」一聲地關上。

范伯先生不放棄，再度敲門，過了許久，羅根夫人再次打開門來，她這一次嚴肅地告訴范伯先生：「不用說了，我絕對不會買你們的電！」

「我發現妳養的是一群很棒的都敏克雞。」范伯先生沒有提及有關電力的事，本來想關門的羅根夫人聽到這句話愣了一下。

「我從未見過比牠們更好的雞，我想買一籃雞蛋。」范伯繼續說著。

羅根夫人驕傲地走出門來，態度也溫和了許多：「當然囉！這些雞都是我親手養大的，牠們是最好的。」

接著羅根夫人帶著大家去參觀她的雞舍，並一一做介紹。范伯先生發現旁邊還有一個牛棚，就對羅根夫人說：「我敢打賭，妳一定可以用妳的雞賺錢，甚至賺得比你先生的牛還要多。」羅根夫人高興地點了點頭，不過她告訴范伯先生，自己的丈夫並不承認這一點。

之後范伯先生告訴羅根夫人在雞舍裝電的好處，介紹了幾種飼料及溫度調節後可以增加雞蛋產量的例子。在兩人開心的討論下，兩個禮拜後，羅根夫人的雞舍裝上了電燈，而雞群也不負眾望產下更多的雞蛋，鄰居們見了，也跟著裝上電燈。

就這樣，不僅羅根夫人的訂單增加，范伯先生也得到更多的顧客。

你的未來,一定要活得比現在精采

做生意最重要的一點並不是商品的優劣,而是必須給予消費者好感。只要是想做生意賺錢,就不能少了關懷和幫助別人的心。先了解別人的需求,再對症下藥給予建議,自然而然可以卸下對方的心防,完成交易。

范伯先生並沒有開門見山推銷商品,也沒有批評對方是守財奴、食古不化、不肯接受新知,他的方式是認同對方的成績,讚美他的優點並給予鼓勵。只要讓人感受到,你是出自眞心的關懷,對方的態度就有軟化的空間。

當然,還有另一類賺錢的方法,那就是施以小利。就像直銷盛行的現代,明明知道這一行必定要看人臉色,可是還是有許多人一窩蜂地往裡面跳,因爲它標榜的是「消費者也能當老闆,邊使用邊賺錢」。

抓住人性,才是成功之道。若是光從自己的角度思考,而不站在客戶的立場考慮,不僅不會得到對方的信任,更無法得到成功。

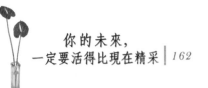
要先了解自己，才能贏過別人

 當別人請你做一件事，但超出你的能力範圍時，要衡量狀況提出防護措施，切莫為了義氣或者急於表現而因此受傷。

　　崇拜，可以是一種很好的學習。在讚美、佩服對方之際，若能學習背後所付出的努力和毅力，會更有價值。

　　欣賞與崇拜，基本上都會有幾分求好與上進的渴望，但是每一個人的才能不同，有些人就是擁有特殊的天賦、體質，或者其他不為人知的技巧，因此，電視節目播出某些高難度的表演時，才會標明「請勿模仿」的字眼。

　　認清能耐是一種保護自己的方法。就算在某方面不如人，也不要認為可恥，因為，每個人都有自己的優點，以及可以盡情揮灑的地方。

　　生活在紅樹林或出海口沼澤地的彈塗魚，除了在水中，也能上陸地生活。

　　有一天，牠們正在沙灘上悠閒地吹著風、欣賞風景，一條路過的鯽魚在水中看見了，羨慕地停下來觀望著，心想：「牠們是魚，我也是魚，為什麼我就不能到陸地上呢？我也來試試好了。」

　　鯽魚觀察一下周遭的環境後，就往岸邊游了過去。

　　牠努力擺動身體，想讓自己離開水面，跳了幾次，終於在第

四次成功上岸。

上岸後，鯽魚拚命揮動尾巴，沒想到才前進一小段距離，就喘不過氣了。

牠拚命鼓動著鰓，想要呼吸多一點空氣，可是無論怎麼掙扎，就是無法獲得更多氧氣，眼看就要窒息了。

這時，沙灘上的彈塗魚們發現躺在地上一動也不動的鯽魚，趕緊一起出力把牠推入水中，鯽魚一碰到水，總算能重新呼吸了。

彈塗魚看著逐漸恢復意識的鯽魚，語重心長地對牠說：「下次千萬不要再做那麼笨的事，還好碰到我們，要不然你的小命可就不保了，甚至很快地就要被太陽曬成魚乾啊！」

看著難過的鯽魚，彈塗魚又忍不住叮嚀幾句：「你雖然有鰓能在水中呼吸，卻沒有我們彈塗魚特有的，能在陸地上呼吸的皮膚。朋友，你要先弄清楚自己有多少能耐，要知道什麼可行，什麼不可行，知道嗎？」

聽了這話，鯽魚只能感激的點點頭。

你的未來,一定要活得比現在精采

鯽魚不自量力的結果，讓牠差點送了性命，在我們的生活周遭，到處都有這樣的人。

有些人是出自於無知，有的是好奇，還有的人是不服輸或者禁不起別人的「激將法」。

這樣莽撞的下場，受傷的通常是自己，甚至還會連累家人。小朋友因好奇心而拿著雨傘從樓上一躍而下；青少年逞兇鬥狠，為表現英雄心態而飆車等等事件時有所聞，往往在傷痕累累之後徒留後悔。

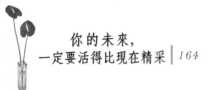
　　除了這些瘋狂行為外，日常生活中，當別人請你做一件事，但超出你的能力範圍時，也要衡量狀況適時提出防護措施。

　　比方說，告知對方需要人手幫忙，或者表明自己只能達到某一個程度，切莫為了義氣或衝動而急於表現，否則把事情搞砸了還算小事，若是因此而受傷豈不是得不償失？

與其成就萬能，不如擁有萬人

宇宙萬物的力量是無限延伸的，是超乎我們想像的。當你的優勢比別人多時，真的就比較優秀嗎？

　　常有人感慨的說，進入研究所後才知道什麼叫做人外有人、天外有天。在高手環繞的環境中，無論當年在班上如何叱吒風雲，也只是小巫見大巫。

　　然而，研究所畢竟也只是學習的其中一個階段，在社會的大學、世界地球村中，還隱藏著更多不知名的高手。

　　人是需要比較的，在比較中我們能知道自己的優缺點，可是若因為比別人優秀就沾沾自喜，那反倒成了愚昧的表現。

　　要知道一山還有一山高，懂得適度謙虛，才有更寬闊的迴旋空間，也較有機會得到別人的指導，讓自己更上一層樓。

　　有一群商人出海做生意，當他們所乘的大船準備通過一個峽谷時，突然出現了一隻大魚，一口將他們連人帶船吞下了肚子。

　　這魚又稱為鯤，當這隻鯤魚吃飽後快樂地在海裡游來游去時，剛好一隻大鵬鳥飛了過來，在空中盤旋了幾圈，突然俯衝下來，用爪子一把捉住鯤魚，兩三下鯤魚就消失在大鵬鳥的口中，進入牠的五臟廟裡。

　　大鵬鳥離開了大海，飛越高山，來到一個大人國。牠在巨人

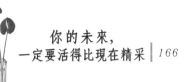

的身旁飛來飛去，翅膀拍得嗡嗡作響，熟睡中的巨人被大鵬鳥吵醒，以為是一隻蒼蠅停在臉上，一巴掌揮了過去，把大鵬鳥打死在崑崙山頂上。

過了好長一段時間，經過日曬雨淋，大鵬鳥和鯤魚的屍體腐爛了，大船才有機會脫離困境，再度見到天日，但是船擱在山岩上，根本沒辦法移動，商人們只能苦惱地坐在石頭上嘆氣。

這時候，一陣驚人的腳步聲傳了過來，原來是一個頭頂著天、腳踩著地的巨人經過。

商人們趕緊向巨人求救，請他幫忙找出回家的方法，巨人說：「我沒辦法幫你們，但是你們可以去問巨石大人。」

商人們找到了巨石大人，他正坐在一塊大石頭上，頭頂著天。大家向他哀求，請他幫忙解決困難，巨石大人為難的說：「我也沒辦法幫你們，你們去問問看眠石王姥姥有沒有辦法好了。」

只見王姥姥躺在石頭上睡覺，光是她的雙乳就碰到了天頂。大家哭著跟她請求，請她幫忙大家重回家園。王姥姥看他們哭得很可憐，就答應了。

她抱起巨石寶寶領著商人慢慢走上山頂，去搭乘他們的船，但是一看，大海還在千里之外，於是王姥姥就坐在船邊用手輕輕地捏一下巨石寶寶，寶寶的淚水立刻源源不絕地湧了出來，大船就這樣一路隨著淚水涔涔地流下崑崙山，一路衝到千里外的大海。

商人們豎起船桅，掛好帆布，順著風開開心心往家的方向駛去。

你的未來,一定要活得比現在精采

光是巨石寶寶的眼淚就足以載著大船游向大海，那麼抱著寶

寶的王姥姥又是何等巨大呢？

在一層層的求助下，我們了解了天地之大，相對之下，人類是何等藐小，宇宙萬物的力量是無限延伸的，是超乎我們想像的。

沒有人能十全十美，當你的優勢比別人多時，真的就是比較優秀嗎？男人真的比較強壯嗎？大人真的比較有能力嗎？

相信這些都沒有絕對肯定的答案。

與其跟別人比較，不如跟昨天的自己比，認真想想今天是不是又比昨天更進步了呢？

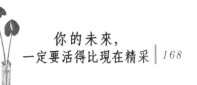
多用一點心，就多一點機運

只要多一點留意，就能免除掉很多的麻
煩，更可能為自己帶來好處。一個小小的
細節，都有可能造成大大的影響。

英國作家查爾斯‧狄更斯在他的作品《一年到頭》中曾經寫
道：「天才就是注意細節的人。」

為何擁有敏銳觀察力的人，往往比別人多一些成就呢？因為
生活中許多的發現都是出自於小細節，但這些細節卻常常被人忽
視。

很多東西都可以由小見大，只要能看透其中的奧妙之處，平
凡之中也能造就出不平凡。

曾經有人發願，要找出所有物品可用的極限，也真的給人類
帶來不少福利。他們所採用的方法就是仔細觀察，找出事物本質
外的功用，進而將這些功用完全發揮出來。

雷奈克生來就很瘦弱，而且有遺傳性結核病的症狀。他從小
被父親送到從醫的叔叔家寄養，十四歲時進入南特大學附設醫院
學習，後來又到巴黎最有名的慈善醫院進修。

成績優秀的他，二十三歲就通過嚴格的資格考試，獲得了一名
法國醫學生所能獲得的最高榮譽，但是，卻沒有一家醫院願意聘用
他，直到三十五歲那年，才在一次機緣下進入了內克醫院任職。

　　也就是在那時候，一件意想不到的事改變了醫學界的歷史，也改變了他的一生，那就是聽診器的發明。

　　一天早上，雷奈克在羅浮宮廣場前散步時，看到幾個孩子正在玩一種遊戲：一個孩子將耳朵貼在木頭的一端，另一個孩子在另一端用大頭針刮出代號，用這種方法來猜測對方說些什麼。雷奈克興致勃勃的加入他們的遊戲，當他在木頭的一端聽見聲音時，眼睛為之一亮，忽然想起一名女病患，於是立即招來一輛馬車，奔回醫院。

　　進入病房後，他將一本筆記本緊緊地捲起來，緊密地貼在女病患左邊豐滿的乳房下，長期困擾著他的問題終於解決了。原來這名女病患久為心臟病所苦，但是由於她太胖了，無法以手敲診或觸診來做判斷，當時的民風又不允許醫生將耳朵貼於胸口做診斷，因此，當他看到孩子們玩遊戲，仔細觀察後就想出這個方法。

　　後來他繼續嘗試和思考，終於發明了世界上第一個木質聽診器。聽診器不僅可以聽到心跳聲，也可以收到胸腔內器官運動所發出來的聲音，可說是人類的一大福祉。

你的未來,一定要活得比現在精采

　　只是一個小遊戲，看在有心人眼裡就可以帶出偉大的發明。

　　同樣的道理運用在生活和人際關係上，只要多一點留意，就能免除掉很多的麻煩，更可能為自己帶來好處。

　　比方看見一個臉色不好或者異常沉默的人，只要一點小小的關心，或者避開敏感話題，就能讓對方感受到善意，也為自己加分。

　　一個小小的細節，就有可能造成大大的影響。注意細節就是細心的開始，只要多一點用心，其實並不難。

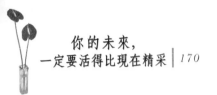

用微笑迎接你的顧客

除了錢財方面的信任感之外，開門做生意最重要的就是與客人間的互動。每個人都需要適當的尊重，不管你是商家或顧客。

　　所有行業的服務宗旨都是顧客至上，即使客人再怎樣刁難、沒禮貌、沒水準，都要保持微笑面對。

　　只要從事商業行為，你就必須用最禮貌的態度來面對客人，做生意當然一定會碰到無禮、故意找碴的客人，也必然會在心中累積不滿與壓力，這時候一定要有紓解的方法和管道。

　　黃昏市場上，傳來一陣陣小販賣力的叫賣聲，剛下班的男男女女，手提著公事包在攤販間穿梭，尋找晚餐的食材。

　　賣水果的攤位前，站著一個皺著眉頭的客人，用挑剔的眼光左看右看，換來換去，就是沒有他想要的。

　　「這水果的色澤一點也不新鮮，而且還有點爛，一斤還要賣到五十元啊？」客人的表情看起來相當不滿意。

　　小販笑笑地說：「我們的水果保證新鮮，又甜又好吃，和別家比較看看，就知道我沒騙你。」

　　「一斤算四十元，不然我不買。」客人堅持道。

　　「先生，如果我一斤賣你四十元，那要怎麼跟剛剛買的人交代呢？」小販還是面帶笑容。

「可是你的水果那麼爛……」客人仍然不放棄殺價。

「如果水果很完美，一斤就要一百元啦！一斤五十元幾乎是成本價了，我們只賺工錢啊！」小販仍是笑著回答。

不論客人如何刁難，嫌東嫌西，最後還是以一斤五十元買了，而從頭到尾，小販沒有露出絲毫不耐的神色，一直保持笑容。

有人佩服地問小販，遇到這種情況為何都不會生氣，還可以笑著應對，小販告訴他：「只有真正想買的人才會一再指出水果的問題，若他沒意願，殺不成價大可馬上走人，不會拖那麼久。如果我不能接受他的意見，一下子就頂撞回去，那他永遠都不會成為我的顧客。」

你的未來，一定要活得比現在精采

經商之道就在小販這短短幾句話中表露無疑。

相信每個老闆，都會希望自己的生意是最好的，為了賺錢，當然什麼苦都得忍受。可是並非人人都能有如此的工作態度，尤其不是自己親身經營的店家，員工的服務態度更是重要的大事。

除了錢財方面的信任感之外，開門做生意最重要的就是與客人間的互動，以及給人好感。小本生意靠的是用勞力來換取金錢，有些物品的利潤只有幾塊不到，錢財全靠累積而來。強調「花錢的是大爺」，卻不尊重做生意的人，那帶給小販的將是難以形容的辛酸和壓力啊！

有時候當你因為同理心而當個客氣的消費者，卻發現收錢的人比你的臉還臭時，只好安慰自己，或許他也曾是個受害者。

如果你想成為一個成功的服務業者，相信你知道該怎麼做。每個人都需要適當的尊重，不管你是商家或顧客。

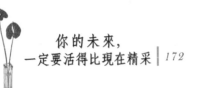
別讓一時衝動帶來終生悔恨

很多夫妻間起爭執，加上誤會、不諒解、
惡言相向以及負氣的言語和決定，事情就
會走到無可挽回的地步。

不要寄出生氣時寫的信，不要在憤怒時做下決定，衝動時什
麼都不要說，什麼都不要做……

諸如此類的忠告不勝枚舉，可見人類在情緒激昂的情況下，
容易失去理智與判斷力，不管是快樂、悲傷或憤怒。

所有的動物，多多少少都會受到情緒的影響，就連植物也會
因為天氣或者其他因素而有所改變。正是因為這些情緒，人生才
會多采多姿。

情緒既然無法避免，那麼就需要修養的功夫來輔佐。修養，
簡單來說，就是有容忍的氣量，當別人的行為影響到自己時，可
以控制自己的脾氣。

從前有雌雄兩隻鴿子住在同一個鳥巢裡，每天一起飛行，到
林子裡尋找食物，也一起玩耍嬉戲。

這樣愜意的日子一天天過去，當楓葉變紅，果實成熟時，秋
天降臨了。雄鴿子對雌鴿子說：「冬天就快要來臨，到時候天氣
變冷，不僅尋找食物困難，連要飛出巢外都會被凍個半死，我們
必須盡早做好過冬的準備才行。」

　　雌鴿子溫順地說：「是啊！不如從今天起，我們吃飽後停止遊玩，將那些時間用來收集果實，這樣冬天到來時，我們就有足夠的存糧了。」

　　從那天起，兩隻鴿子每天除了休息時間外，都會到處努力找尋果實，來來回回飛著，好不容易終於收集到滿滿一巢。

　　有一天，雄鴿子比平常晚回來，一回到巢中發現原本滿滿的果實竟然只剩下一半。惱怒之餘，雄鴿大聲斥罵雌鴿子：「這是我們用來過冬的糧食，妳怎麼可以獨自偷吃？妳難道不知道採集果實很辛苦，沒有果實我們就無法度過冬天，妳想害我們兩個都沒命啊！」

　　雌鴿子委屈地說：「我真的沒有偷吃啊！是果實自己減少的。」

　　雄鴿子不相信，繼續罵著雌鴿子：「不是你偷吃的，難不成果實會自己長腳跑掉嗎？」說完就憤怒地用嘴把雌鴿子啄死了。

　　過了幾天，天空下起大雨，果實得到了濕潤，又恢復成滿滿一巢的份量。原來是因為之前天氣乾燥，果實失去水分，因而紛紛縮水，看起來才像少了一半。這時雄鴿子才明白原來牠誤解了雌鴿，儘管悔恨不已，但雌鴿子卻再也不會回來了。最後只剩雄鴿子孤單單地在雨中哭喊著：「你到哪裡去了？趕快回來吧！」

你的未來，一定要活得比現在精采

　　誤解、懷疑與衝動，造成悲劇發生。就算之後雄鴿子再怎樣傷心後悔，對雌鴿子也沒有任何意義了。

　　很多夫妻或情侶間起爭執，最後鬧到分手、離婚，追究到最初的導火線，往往是一件雞毛蒜皮的小事，可是再加上誤會、不

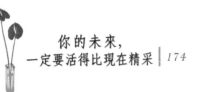
諒解、衝動、惡言相向以及負氣的言語和決定，事情就會走到無可挽回的地步。

當然，將一口氣悶在心裡，長期壓抑下來也不是個好方法，但如果眞要出一口氣，切記避免人身攻擊。

生氣的時候，可以試著找出適合自己的宣洩管道，比方聽聽音樂、打打球、吃個東西、看看電視……等等。

學習修養的功夫，不要讓一時的情緒毀了自己的人生。

相信自己，你也可以改變世界

不要害怕與眾不同，只要相信自己的信
念，立場穩當，聲音堅定，言之有理，你
也可以扭轉局勢。

當人們面對污濁的環境卻又不能離開時，往往只有兩條路可
以選擇：第一，改造它；第二，與它同流合污。第一條路往往有
很高的難度，第二條路則是墮落的開始。這個時候，你會選擇哪
一個？

有一部電影叫〈金髮尤物2〉，當主角艾兒看到為人民喉舌的
國會議員們在處理事情上竟然採取忽視的態度，試圖減少麻煩，
她選擇點出這個事實，也改變了國會的陋習。

害怕成為人群中的少數是情有可原的想法，但千萬不可為了
服從多數而違反自己的意願，成就不合理的事。視而不見或盲目
跟從絕非好事，因為，你可能就是下一個受害者。

從前有一個國家，在一次水災過後發生了瘟疫，這場瘟疫很
奇怪，沒有任何人或牲畜死亡，但卻出現越來越多發瘋的狂人。
所有醫生聚集在一起研究之後，發現原來是河水受到了污染，舉
凡喝過受到污水的人，全都會在一夜間發狂，找出了原因，卻沒
有人能找出解藥來。

國君得知這個消息後，找來全國最聰明的大臣共同商量，猜

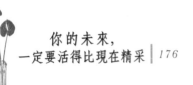
想在地底下最深處的水，可能還沒受到污染，因此馬上派人開挖。

可是，地底下的水量有限，大多數的人民無法使用那裡的水，為了活命，愈來愈多人喝下受污染的水而瘋狂。

不久，連地底下的水也枯竭了，國君再度和大臣商量，決定派人往山中尋找尚未融化的冰雪和山泉水，帶回宮中儲存。

但是由於路途遙遠，搬運不便，帶回來的水量愈來愈少，發狂的人也愈來愈多。到最後，連國君身邊的人都染上了瘋病，全國的人統統發瘋，只剩下國君一個人還正常。

因此，所有的國人反而認為他們的君主生病了，急需要醫治。他們群聚在一起，商量要怎樣捕捉國君，治療他的狂病，接著，他們還準備了艾草、針灸、草藥等等藥材，說是要替國君治病。

國君看到宮外一群狂人要捉他，嚇得躲在床底下不敢出來，等到狂人們將皇宮的最後一道大門敲開後，國君再也無法躲藏，被五花大綁帶走了。

發瘋的醫生們開始用盡所有的方法來治療國君，每天不是針扎就是灌苦藥，只見國王一下子泡在冷水，一下子泡在滾水裡，有時候還被脫光衣服，身上被塗上一層臭氣沖天的雞屎、狗屎，然後被放在屋外曬上一整天，要不就整個人被埋在土裡，只露出一顆頭來。

有一天，國君再也忍受不了了，趁大家不注意，掙脫了束縛，衝到河邊大口大口地喝著受污染的河水，喝完後他就瘋了。這時候，全國老老少少大家一起歡呼，因為在他們的眼裡，國君的病終於好了。

你的未來,一定要活得比現在精采

　　從這個諷刺的故事，可以看出群集力量的可怕，唯一清醒之人，竟然落得如此下場，除了感嘆之外，也只能說是自作自受。

　　國君原本有機會挽救這個局面，只要對人民倡導河水有毒，改掘井來飲水，在問題解決前先擬好替代方案，也不會有後來的下場。

　　日本企業家稻盛和夫曾說：「人生的道路是由心來描繪的。所以，無論自己處於多麼嚴酷的境遇之中，心頭都不應任由悲觀消極的想法縈繞。」

　　不要害怕與眾不同，只要相信自己的信念，立場穩當，聲音堅定，言之有理，你也可以扭轉局勢。

PART 8

自以為是，
只會做出錯誤的事

當我們以為自己才是標準時，

就不會有寬容的心胸，

因為一個裝滿水的杯子，

是無法再接受任何液體的。

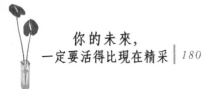
卸下重物，輕快面對未知的路

沒有人可以預測人生的下一段路程是崎嶇還
是平坦，但是我們可以選擇的是自己想怎麼
走，是快樂前進，還是背著沉重的竹筏？

人類最大的痛苦來自於心靈，只要心靈無法輕鬆，精神上的
負擔便不會解脫，自然會影響到生活、健康，事業等，讓人一蹶
不振。

人往往只會將重量往心裡堆積，卻不懂得如何卸下來，久而
久之，心靈就會因為負擔不了而哭泣。甚至有時候，我們還嫌外
物的重量不夠，硬要自尋煩惱，徒增心靈的負擔。

要知道，一個連自己的困擾都克服不了的人，是不可能成就
大事業的。

從前有一個樵夫，想要到遠方的某個村莊參加好朋友的婚禮，
這段路程非常遙遠，當時的交通不方便，他又沒有馬匹，只能徒
步行走。

樵夫才走完三分之一的路程，眼前卻出現一條河流，樵夫不
記得有這條河，後來想想可能是前幾個月的連續大雨所形成的。

這條河說大不大，說小不小，無法徒步跋涉，若要改道，就
得繞過另一座山，但這樣一來時間恐怕會來不及。

樵夫於是決定在太陽下山之前替自己做一艘簡單的竹筏，只

見他拿著隨身攜帶的斧頭走入附近的竹林開始砍竹子，然後將砍好的竹子排在一起，又找一些草搓成麻繩，謹慎地將竹子捆好。等到竹筏做好，天色也晚了，樵夫只好在荒野過了一晚。

第二天一早，樵夫扛著竹筏來到河邊，撐著竹竿划到對岸。順利上岸後，樵夫對自己的成品很滿意，覺得竹筏很實用，也因此陷入兩難之中，到底該不該帶著竹筏走呢？

帶著走的話實在很累人，不帶萬一又遇上河流，豈不得再做一艘，費時費力。

樵夫不捨地看著竹筏，仔細衡量後，決定背著它走。

就這樣，他一路背著竹筏踏著沉重的步伐往前走，汗水流入眼睛，也溼透了全身，走走停停，直到到達目的地。然而，這段路卻十分平順，竹筏自然也沒有派上用場。

結果卻是，竹筏的重量讓樵夫前進的速度變慢，當他到達朋友家之時，婚禮早已結束了。

你的未來，一定要活得比現在精采

如果算一下時間，即使翻過一座山換條路走，也比背著竹筏趕路還快，這就像人生中許多放不下的牽掛，不管是名聲或者是利益，為了這些而付出自己的一輩子的心力，真的值得嗎？

有一種說法是，每個人一生有四顆球，分別是家庭、健康、朋友以及事業，其中前三顆是玻璃做成的，只要一摔就破了，只有事業是橡皮製的，丟下去還會回彈。

但諷刺的是，我們卻常常把事業這顆橡皮球小心地捧著，而忽略保護其他三顆玻璃球。

寬容地對待自己和周遭的人，幽默作家蕭伯納提醒我們：「想

要擁有圓融和諧的人生，就必須保持心情舒暢，滿懷信心地大步向前。」

沒有人可以預測人生的下一段路程是崎嶇還是平坦，但是我們可以選擇的是自己想怎麼走，是快樂前進，還是背著沉重的竹筏？

態度決定命運，一個人的悲或喜、樂或憂，都會影響自己的人生際遇。

選擇逃避，就是對未來放棄

老是選擇逃避的人，永遠都無法跳脫這個框架，即使有一個全新的開始，一旦碰到挫折，還是會選擇逃避。

世界上有許多痛苦與幸福同時存在的故事，我們看到這些故事時，常常感動不已，但若是同樣的事情發生在自己身上，大概只剩難過的部分了。

有些人面對沮喪，選擇繼續走下去，終於找到出路；有些人則是失去自我，甚至放棄生命。很多時候只是一個念頭的轉換，人生就會大大不同。

塔羅牌中有一張「命運之輪」，當它在正面時，是最幸運的一張牌，但是輪子終究會轉動，就像人生沒有永遠的順境，當事情不如預期時，只要能把它當成一項能夠克服的挑戰，就有辦法勇往直前。

深夜，一個男人獨自在一座五十公尺高的橋上徘徊。他來來回回漫步走著，終於停了下來，站在護欄旁，看著橋下湍急的河水，接著點燃一根煙，小火花一閃一滅地映出一張漠然的臉。

他決定離開這個世界。一生中，他努力、奮鬥過，但是命運回報的卻是不斷的挫折與失敗。他也曾有過幸福美滿的小家庭，有溫柔的老婆和一對可愛的兒女，然而生活的現實卻讓家人選擇

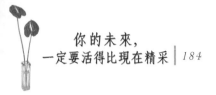

離開他。

於是，他縱情於感官的享受，讓自己沉淪在聲光酒色中，四處遊蕩，尋找刺激，酗酒、吸毒就像呼吸一樣的自然。

儘管許多朋友勸他回頭，卻徒勞無功，到最後，他終於什麼也沒有了。

當煙快抽完時，一道聲音從黑暗中傳了過來：「先生，給一塊錢喝杯咖啡吧！」

他望向陰暗處，原來是一個衣衫破舊的流浪漢。

他突然笑了起來，丟掉煙蒂，打開皮夾對流浪漢說：「一塊錢，一塊錢怎麼夠呢？我這裡錢還不少，全部給你吧！」

他把皮夾裡約一百塊的零錢統統塞給流浪漢。

「為什麼？」流浪漢不解地問

「哈哈！沒什麼，你儘管拿去用吧！因為我要去的地方，用不著這些了。」說完他看了一眼河水。

流浪漢突然臉色一變，厲聲對男子說：「這樣不行，先生，你不能這樣做。我雖然是個乞丐，但我不是個懦夫。帶著你的錢一起跳河去吧！」

「再見了，懦夫。」流浪漢說完把錢往河下一丟，轉頭就走。

一張張的鈔票慢慢地消失在漆黑的河中，男子愣住了。

他突然省悟，自我了斷只是逃避問題，他一直在逃避自己的人生。他朝河水看了最後一眼，然後離開那座橋頭……

你的未來，一定要活得比現在精采

最近網路上出現徵求夥伴一起自殺的訊息，自殺已經是一種懦弱的行為，竟然還可以找人陪伴？

這樣的人不僅是懦弱，還沒用到要別人一起逃避人生。

老是選擇逃避的人，永遠都無法跳脫這個框架，即使有一個全新的開始，一旦碰到挫折，還是會選擇逃避。

只會逃避，根本無法擺脫問題，反而得永遠背負著問題，其實，越想逃避，越是容易被逼得面對現實，與其如此，倒不如主動承受，反而更能握住人生的主控權。

痛苦和快樂的距離，其實只有一線之隔，只要轉個念頭，明天就會是全新的開始。

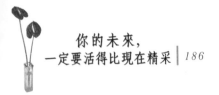
充滿希望，才能達成願望

想要成功，絕對不是空想就能實現的，靠著機巧只求不勞而獲，得到的也只是短暫的，甚至會付出更慘重的代價。

哲學家羅素曾說過：「希望是堅韌的枴杖，忍耐是旅行袋。攜帶它們，人可以走完世界，登上永恆之旅。」

希望雖然是個抽象的詞句，卻是幾千年來人們維持生命的元素，沒有任何的東西可以限制我們對明天的希望。

希望的存在，可以鼓舞人們的勇氣和鬥志，為每一個開始奮鬥和努力。希望，就是人生最大的財富。

從前有一個農夫，每天辛勤地工作，但還是過著貧困的生活。

有一天他到遠方的小鎮買一把耙子，回家的路上，獨自一人在森林裡行走時，碰到一個駝著背的老婦人，她告訴農夫：「我知道你是一個勤奮的人，每天辛苦地工作還是無法改善生活，我要送給你一枚魔法戒指，只要轉動它並說出願望，你就能得到你所想要的一切。不過，這個戒指只能實現一個願望，所以你在許願前必須考慮清楚。」

農夫不可置信地拿著戒指繼續上路，不知不覺月亮悄悄升起，農夫只好停下腳步，投宿在小酒館裡。

當他吃著晚餐時，跟同桌的商人聊起魔法戒指的事，商人聽

得非常入迷，到了深夜便偷偷潛入農夫房間，神不知鬼不覺的用一枚假戒指換掉了真正的魔法戒指。

農夫完全沒有察覺，第二天一大早便起床離開了。

等到農夫離開之後，商人迫不及待地關緊房門，一邊說著：「我要一億兩黃金。」一邊轉動戒指，結果無數的金子像傾盆大雨般不斷落下，商人就這樣被金子砸死了。

農夫回到家中，便將魔法戒指的事告訴妻子，妻子一聽馬上要農夫許願，希望能獲得一大片土地。

「我們必須仔細思考我們的願望，不要忘了，魔法戒指只能實現一個願望。」農夫勸妻子不要著急，並要她好好保管戒指。

夫婦倆商量後，決定再努力工作一年，先存到足夠的錢買他們想要的土地。一年後，他們真的買到一片土地，這時，農夫的妻子希望能擁有牛和馬來幫忙耕作，農夫說：「親愛的，讓我們再努力一年吧！」

這次，他們也沒有動用戒指。

就這樣一年一年過去，夫婦倆靠著自己的努力不斷實現願望。

「我們是最快樂且最富有的人了。」農夫摟著妻子，看著雙手建立起的家園：「我們不需要魔法戒指，就已經擁有所有的願望了！」

你的未來,一定要活得比現在精采

故事中的魔法戒指，其實就是一個「希望」。

為了謹慎使用這個希望，夫婦倆決定把它當成生活的後盾，他們想要這個「希望」能用在最需要的地方，因此先靠自己的力量，一件件完成願望，到最後，所有的願望都成真了，而「希望」

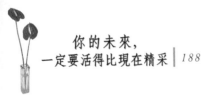

仍然存在，那就像一個支持的動力，好好地被保存下來。

　　想要成功，絕對不是空想就能實現的，靠著機巧只求不勞而獲，得到的也只是短暫的，甚至會付出更慘重的代價。

　　想要成功，就要有信心，而信心來自於充滿希望。讓希望刺激自己的腦力，化為實踐的動力，你就能得到期望的一切。

自以為是，只會做出錯誤的事

當我們以為自己才是標準時，就不會有寬容的心胸，因為一個裝滿水的杯子，是無法再接受任何液體的。

很多時候，我們總以為自己才是真理，因而無法接受別人的看法或建議，更糟糕的是，還將自己的標準加諸別人身上。

任何人，不管教育水準如何，都會有自己的人生歷練，只要我們願意放下身段去接觸與了解，便會發現意料之外的收穫。

所以，有時候需要學著將自己放空，試著打開視野，開闊心胸，才會發現世界原來如此美麗。

在澳洲大維多利亞沙漠的內部，一座岩山背後的小山陵上，住著一群與世隔絕、自給自足的原始部落——加達加敏族。他們的生活裡沒有所謂的種植、漁獵、農耕等產業，一切都非常的原始，也很簡單。

他們以天地為家，身上只有簡單的遮蔽物，用來擋沙漠風沙，食物則完全取自大自然，通常是從土地裡挖出植物的球根或者蟲卵、蟲蛹等等。

加達加敏族的烹調方式也很簡單，他們找來一塊大石板，將蟲蛹等食材放在上面，並在石下挖一個坑，放上枯枝，點火烘烤，只要烤到香味四溢，便是美味豐富的一餐了。

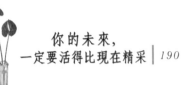

有一天，一群來自文明世界的人前來探險。他們深入沙漠，尋找傳說中的原始人，這天剛好碰上加達加敏族，便表明想要與他們共處，好深入了解他們的生活。

然而，當文明人見識到加達加敏族的「吃法」時，卻噁心得無法下嚥，直到第三天，文明人再也受不了，決定示範正常世界的飲食。

文明人觀察了地形後，發現不遠處一群與加達加敏族相處許久的野獸，正在水源旁優游自在地休息著。文明人擦好槍管，裝上火藥，就開始獵捕行動，一連射出好多發子彈，野獸們一隻隻倒下。

文明人清理完野獸的屍體，向加達加敏族借來石板等烹調工具，做出了一道又一道色香味俱全的美食來，並請族人一同分享。族人看著野獸流了一地的血和殘骸，怎樣也不肯吃上一口。

文明不但人吃得津津有味，還從行李中翻出酒來，大口吃肉大口喝酒，酒足飯飽之後，竟然發起酒瘋，彼此拳腳相向，大打出手。

「大家快來看啊！野獸通通跑到他們體內去了！他們都變成野獸了！」族人看著文明人驚奇地說著。

文明人大聲斥喝著：「你們在吵些什麼？」

「文明人先生，還是吃蟲吧！不要吃野獸了！吃蟲絕對不會有打架、爭吵、戰爭的犯罪行為發生，吃野獸，難保牠們不會藉著你們的身體來使壞啊！」加達加敏族誠懇地說著。

你的未來,一定要活得比現在精采

所謂的文明人，展現出來的行為卻與野獸沒有兩樣。可笑的

是，這些文明人還存在著種族歧視，自認為可以成為這些「落後」原住民的導師，教導他們如何過「文明」的生活。

人們常常流於物慾和某些信念的牽絆而不自覺，沉迷於外在的光環，忽略了內涵比身外之物還重要。就算是學識淵博的人，也可能在自己的各項慾望中迷路，做出自以為是的事。

當我們以為自己才是標準時，就不會有寬容的心胸，因為一個裝滿水的杯子，是無法再接受任何液體的。

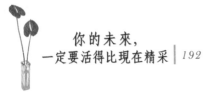

用人要有眼力，被用要有能力

有本領卻不能發揮，沒能力卻趕鴨子上架，兩者都是痛苦的。用人要有眼力，被用要有能力，才能創造雙贏的局面。

每一個人的才能都不同，有大才小才之分，大才擔任大事，小才負責小事，這樣社會才能穩定運轉。

如果爲了爭權奪利或者其他因素，將不適任的人放在不適當的位子上，就好比要眼睛代替鼻子來呼吸，肯定會鬧出「大事」來。

當然，單就外表很難一下子看出一個人的本質，因此「識人」的能力也不可忽視。用對人做事，會達到事半功倍的效果；用錯人做事，不僅事倍功半，還可能導致全盤皆輸，得不償失。

從前有個從南方來到北方的獵人，聽說當地有一種鳥類叫做鶻，相當兇猛，上嘴喙像彎曲的勾子，嘴巴呈青黑色，尾巴和羽毛是灰色，腳部強健又有力，四趾上還有勾爪。由於動作敏捷，飛行速度快，又擅長捕捉獵物，所以很多獵人都飼養牠來捉鳥或兔子等小動物。

這個獵人也想買一隻來幫助自己打獵，但是他從沒有看過鶻，竟誤把一種名叫鳧的野鴨買了回去。

隔天，獵人想試試看這種鳥有什麼能耐，就帶著牠出門打獵。

當他發現草原上有隻兔子跳了起來，就立刻把手中的梟擲了出去，要牠去攻擊、捕捉兔子，因為梟不會飛，一丟出去就呈拋物線下墜，很快地掉落地面。

獵人納悶地將梟拾起，再度往天空一丟，結果又掉下來了，連續擲了三、四次，兔子都跑了，梟還是沒有任何動作。

在獵人氣急敗壞，準備再試一次時，梟突然一跛一跛地朝他走了過來，開口說：「不要再丟了，丟多少次我也飛不起來。」

獵人不高興地說：「我花了那麼多錢買你，你竟然無法幫我打獵？」

梟苦笑著對獵人說：「我是一隻鴨子，鴨子的本分就是讓人殺來吃掉，你把我宰了吃掉吧！為什麼還要讓我受這種折磨呢？」

獵人懷疑地看著梟：「你真的是一隻鴨子？我以為你是鵰，可以幫我打獵呢！結果你卻是一隻鴨子……」

梟舉起牠的腳掌給獵人看，說道：「你看我這雙腳，上面還有蹼呢！我連走都走不快了，怎麼有可能幫你打獵呢？」

你的未來，一定要活得比現在精采

英國管理學家羅傑‧福克爾曾說：「最容易損害企業老闆威信的，莫過於用了不恰當的人去做不恰當的事。」

因為，用了不恰當的人，必然造成辦公室人際關係陷入緊張、對立狀態，要是再讓他去做不恰當的事，必然會讓企業的危機層出不窮。

處理自己能力範圍之外的事情是痛苦的。

然而，現代社會除了看重實力之外，還很講究人情世故，許多因為推不掉的「情面」而安插的職位，不僅上級看得頭痛，同

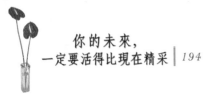

事還得分攤責任，公司業績減退，自己也不好過。

　　這也難怪故事中的鳶寧可獵人吃了自己，讓牠盡「本分」，也不要忍受拋擲之苦。

　　有本領卻不能發揮，沒能力卻趕鴨子上架，兩者都是痛苦的。因此，用人要有眼力，被用要有能力，才能真正創造雙贏的局面。

善用謀略讓你的生活更有機會

思考，讓我們追求更高的生活層次，不管是心靈的或者物質的。我們該好好運用，不要只停在原地嘆氣。

生活中很多事實告訴我們，週遭環境帶給自己的優勢，往往可以提供成功所需的要素。只要我們懂得思考，懂得掌握地勢之利，就可以如魚得水，也比別人容易成功。

有「思」才有「謀」，有謀才有成就。空有機會，不去思考，停留在原地踏步、自怨自艾，一切都只是白費。

從前，蒙古人都過著逐水草而居的游牧生活。有一個旅行僧，徒步行走各地，每天過著快活的日子。有一次，他路過一片草原區，看見一個牧民愁眉苦臉地坐在石頭上，手裡還拿著一條馬尾巴，便好奇地上前詢問。

「發生了什麼事？爲什麼你看起來如此悲傷？」

「天底下最不幸的事都發生在我身上了。」牧民傷心地說：「之前的怪病讓我的馬死到剩下一隻，但是，就在昨晚，我的最後一匹馬竟被狼給吃了，只剩下一條尾巴。沒了馬我要怎麼活下去啊？」

旅行僧聽了很同情，就告訴他：「把馬尾巴給我，我保證幫你換回一匹活生生且比原先更好的馬來。」

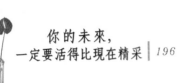

牧民雖然不太相信，但還是把馬尾巴給了他。

旅行僧拿著馬尾巴來到一個村子裡，那裡住著一個貪婪且無情的大地主。他在大地主的帳棚附近找了一個狐狸洞，將馬尾巴塞進洞裡，等大地主騎著快馬疾馳而來時，便緊緊抓著馬尾巴，裝出使勁的模樣。

大地主看到旅行僧奇怪的行為，就停下來問他：「你在這兒做什麼？幹嘛抓著一條馬尾巴不放？」

旅行僧煞有其事地回答：「我在這兒牧馬，一不小心，馬兒竟然鑽進洞裡了，幸虧我動作快抓住了尾巴，否則就要白白丟掉一匹好馬。我現在正想辦法把牠拽出來呢！」

大地主心裡想著，是怎樣的一匹馬有辦法鑽進洞裡呢？於是他問旅行僧：「你那匹馬有多好？」

僧人說：「我這匹馬可是隻神馬啊！牠跑得比風還快，在雨點還沒打到身上之前，就能繞國土七圈。」

大地主頓時起了貪婪之心，馬上變臉斥喝：「是誰允許你在我的土地上牧馬的？馬上給我滾開。」

「好歹讓我拉出馬來，沒有馬代步，我的腳走得都磨出水泡來了！」旅行僧苦苦哀求著。

大地主急於得到神馬，便對旅行僧吼著：「你騎著我的馬趕快離開，以後不准出現在我眼前。」

旅行僧裝出一副不捨的模樣，將馬尾巴交給大地主，騎著馬離開了。

不久，旅行僧回到牧民面前，將馬交給他，隨即哼著歌走遠了，留下張大嘴巴不可置信的牧民。

你的未來,一定要活得比現在精采

　　日本極具影響力的思想家,慶應大學的創辦者福澤諭吉曾說:
「不道德者雖然能偽裝成有道德者,但是愚者卻不能偽裝成智者,
這就是世上為什麼偽君子多而為智者少的緣故。」

　　想教訓貪婪的偽智者,有時候就必須投其所好。

　　旅行僧可以如此容易將大地主的馬騙到手,就是洞悉人性,
利用地主的貪婪之心,讓他自己奉上良馬來。

　　同樣的道理,在職場上,如果能了解同事不同的個性、喜好
和特長,熟悉主管的作風、脾氣和好惡,然後採取不同的相處模
式,不僅可以和諧地與人交往,工作也能穩定,進而受到歡迎。

　　只要受人歡迎,自然而然的,得到的幫助也會跟著增加。

　　人類之所以成為萬物之靈,是因為擁有思考的能力。思考,
讓我們追求更高的生活層次,不管是心靈的或者物質的,既然如
此,我們就該好好運用,不要只停在原地嘆氣。

　　善用謀略,會讓你的生活擁有更多機會。

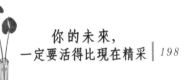
信用一出賣，生活只剩債

人與人的交往中，信用是維繫彼此關係的
重要條件，莫讓自己失去最寶貴的、難再
買回的信用。

金錢在愚者手中是墮落的元素，在智者手裡則會成為無法估
算的力量。

人類生活中的煩惱有百分之八十與金錢有關，然而人們在處
理金錢問題時，卻常常陷入盲目之中。的確，錢不是萬能，但是
沒有了錢卻萬萬不能，所以理財的方法也是一大學問。財富可以
是最好的朋友，也可能是最大的敵人，無法正確駕馭它，就會成
為金錢的奴隸。

不過，最重要的是，別因為錢財而喪失了信用，因為信用比
黃金還要珍貴。黃金易得，信用難求。

阿曹與阿如是一對貧窮的夫妻，靠養豬維生。由於生活十分
清苦，兩人將所有希望都寄託在豬群身上，每天阿如將豬隻餵得
飽飽的，阿曹則天天幫小豬洗澡，希望牠們健健康康長大。

不負期望的，豬仔個個長得肥肥胖胖，奇怪的是，偏偏有一
頭豬怎麼吃也吃不胖，乾乾瘦瘦的，看得兩人滿肚子氣。後來，
阿曹不幫牠洗澡了，阿如也有一餐沒一餐地餵著，瘦豬就這樣可
憐兮兮的躲在角落裡。

　　有一天，阿如正在餵豬時，來了一個外地的商人，看著豬群嘴裡不停唸著：「寶豬，眞是寶豬啊！」阿如聽了很得意，馬上說：「我養的豬又肥又胖，客人，你要買哪一隻？」

　　商人指著那隻瘦瘦髒髒的豬說：「我出五百兩買牠。」

　　阿如聽了不可置信，以爲那個人的腦筋有問題，就好奇詢問原因。商人要阿如保證不反悔，才願意將原因告訴她，阿如答應了，反正能將瘦豬賣五百兩，阿曹一定會誇讚她。

　　商人告訴阿如，那頭豬有一條很粗的大腸，把它滴成油做成蠟燭在夜裡點燃，就會出現很多金銀財寶，燒得越短出現越多。之後商人表示身上沒帶那麼多錢，約定明天再拿錢來買豬。

　　阿曹回來知道這件事後，馬上罵阿如：「妳這個笨蛋，這麼好的豬怎麼可以賣給別人！」說完馬上跑到豬圈把瘦豬殺了，找出大腸，照著商人的話做成蠟燭。太陽下山後，他們在房裡點燃，空中果然出現一堆金銀財寶，夫婦倆伸手去抓，可是不管用什麼方式，就是拿不到。

　　後來蠟燭燒盡，金銀財寶也消失了，阿曹心急地又跑到豬圈，把剩下的豬全殺了，將豬大腸做成蠟燭，可是點燃後什麼也沒出現。

　　隔天一早，商人看到一片混亂，心裡大概有了底。阿曹一見商人馬上抓住他的領子大罵：「都是你，害我損失了所有的豬。」

　　商人推開阿曹，冷冷地說：「在蠟燭燒盡前要把火吹熄，這樣珠寶才會掉下來。你們不守信用在先，白白浪費一頭寶豬啊！」

　　結果，阿曹夫婦倆不但沒賺到五百兩，還平白無故損失了所有的豬。

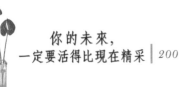

你的未來,一定要活得比現在精采

　　人與人的交往，信用是維繫彼此關係的重要條件，一旦失去它，就失去做人的根本，也失去了再獲利的基礎，這就是爲什麼用不法手段賺來的錢，往往會快速流失的原因。失去了信任、人際關係和友誼等等，無異於失去金錢買不到的無價之寶。所以，別因爲一時的貪婪而鑄下大錯。

　　現代人習慣今天花明天的錢，造成了信用卡、現金卡的盛行。或許一卡在手，可以省掉很多麻煩，但是天下沒有白白送上門來的錢，該還的還是得還，如果不正確使用這些看似方便的塑膠貨幣，只會造成日後的悲劇。

　　金錢並不是最值得追求的東西，只能把它當成一種生活的工具，所以處理錢財問題務必小心，莫讓自己失去最寶貴的、難再買回的信用。

無須在意別人給你打的分數

我們必須學著尋找出自身的優點，建立自信心，活出燦爛的生命色彩，只有自己才是最忠實的價值判斷者。

　　法國知名的大思想家盧梭曾經說過：「人的價值，是由人自己決定。」

　　沒有一個人可以獨自活在世上，都需要過著群體的生活，但是也因此自然而然會出現比較，會想要分出高下，然而判斷的標準又在哪裡？是學歷、事業還是錢財？或者是誰最有勇氣、愛心和智慧？

　　這些或具體或抽象的標準，都無法衡量人的價值，就算是造人的女媧，也無法分辨什麼樣才是最好的。

　　一個人的價值，絕對不是由他人或身外之物來決定，而是源於自己。只要我們活得自立自尊，自重自愛，就是一個有價值的人。

　　有一天，所有的動物聚集在森林裡，爭論著誰最偉大，大家七嘴八舌地討論，甚至激烈爭執，還是無法分出高下。這時候，狗說話了：「我看，就請人類來為我們評定誰才是最偉大的動物，排出個名次吧！」

　　馬也附和著狗的意見：「這個決定不錯！人類沒有參與我們

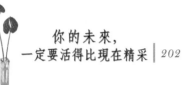
的爭論，應該可以公平下判斷。」

「人類行嗎？」花貓懷疑地說著，「這可是需要最仔細的洞察力，才有辦法看見我們內心的高貴。」

「我不相信人類有敏銳的觀察力。」田鼠不以為然地說著。

「大家統統閉嘴！」馬大吼了一聲，「只有沒有信心的傢伙才會對自己的能力懷疑，不敢接受評斷。」

於是，人類就被請到森林裡當裁判。

評斷開始之前，森林之王獅子威嚴地對人類說：「你可否告訴我們，你是以什麼標準來替我們下評論？」

「標準啊……」人類插著腰撫著下巴，說道：「當然是以你們對我們人類的貢獻來判斷囉！」

「吼！」獅子大叫了一聲，「這算什麼標準！如果這樣的話，我豈不是比一隻驢子還不如？你不配做個公正的裁判。」說完就生氣地離開了。

其他動物聽到獅子這樣說，也紛紛起鬨，人類只好攤攤手無所謂地離開了。這時候田鼠嘲諷說：「現在連獅子也認為人類不能成為公正的評斷者，看來牠跟我想的一樣。」

慢慢踱步回來的獅子聽了之後輕蔑地「哼」了一聲：「我的想法才不止這樣。」獅子繼續說：「在仔細考慮過後，我認為等級的高貴之爭是沒有意義的。不論是誰把我視為高貴還是低賤的動物，都和我無關，只要我清楚地知道自己的偉大，那就夠了。」

聽完這席話，充滿智慧的大象、勇猛的老虎、穩重的黑熊、聰明的狐狸等都知道了自己的價值何在，一個個都挺起胸膛，自信地離開。

你的未來,一定要活得比現在精采

　　我們常常會問別人:「你覺得我是一個怎樣的人?」

　　當我們這樣問時,通常希望聽到的答案是讚美,因為人類的天性中,多多少少隱藏著自卑感,因此需要外在的鼓勵來建立自信,肯定自己,這不失為一個幫助自己成長的好方法。

　　不過答案若不如預期,或者只是善意的謊言呢?聽在心裡必定會有些許的不愉快,可是假如能從中改進,就是一種助力。然而如果非但沒有得到自信,反而一蹶不振、自暴自棄,那豈不是弄巧成拙?

　　因此,我們必須學著尋找出自身的優點,建立自信心,收起自卑,不害怕別人的眼光或嘲笑,努力活出自己的生命特色,活出燦爛的生命色彩,讓自己成為一個最忠實的價值判斷者。

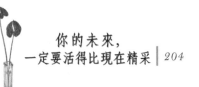
把頭埋起來，不代表問題不在

我們選擇用「善意謊言」來安慰自己犯下
的錯誤，就像鴕鳥一樣，以為將頭埋進沙
子裡，看不見就等於不存在。

逃避得了別人，卻逃不過自己。

為什麼困難與挫折總是不受人歡迎？因為它們是苦澀的、難
受的，除非不得已，沒有人會願意擁抱它。

因此在不如意時，總希望能將自己隱藏起來，最好能從空氣
中蒸發，這樣就不用面對現實，也能落個輕鬆。這樣的行為一次
兩次還能被諒解，但是一輩子逃避，只會把人生也跟著逃掉了。

偶爾心煩時，做做白日夢，假裝自己已經隱形倒是可以，如
果完全沉迷其中，受傷的將是自己。

從前有一個楚國人好吃懶做，整天躺在床上，動也不想動，
只會做著白日夢，希望光躺著，錢就能從天上掉下來。家裡的生
活越來越困苦，祖先留下來的遺產一點一點地花光，全家人只好
從大房子搬到小房子，再從小房子搬到破屋子，日子過得很困苦，
可是他仍不知檢討。

有一天，他到街上閒晃，正巧聽到說書人講到：「螳螂為了
抓到蟬，就找了一片可以隱藏自己的葉子，將自己隱形起來。」
他聽完後開心地往家裡跑，心裡想著：「如果我也可以找到一片

讓自己隱形的葉子，那不就可以輕輕鬆鬆發大財了？」

於是他走到屋前的樹林裡，開始尋找螳螂，找了很久才看到一隻螳螂站在一片葉子上。他設法將葉子摘下來，結果葉子從樹上落下時，正好掉到地上的一堆落葉上，他沒辦法判斷，只好將好幾斗的樹葉全掃回家中。

回到家後，他拿起葉子一片片放在身上，每放一片葉子就問妻子：「妳看得到我嗎？」

剛開始妻子還很有耐性的回答：「看得見。」幾次過後，妻子再也受不了了，敷衍地說：「看不見了啦！」

他一聽到妻子看不見自己，開心地把葉子插在頭髮上往大街走去，聞到包子傳來的香味，便從攤子上隨手拿起一個包子塞進口裡就離開。小販原本要喊住他，但是需要招呼的客人很多，又看這個人全身穿得破破爛爛的，以為是瘋子，就隨他去了。

之後，他走進酒家，拿走客人擺在桌上的一瓶酒，客人忙著聽說書，也沒注意到，他高興極了，以為自己真的隱形了。

於是，他大搖大擺走進衙門，當著縣老爺的面將放在桌上的官印拿走，當然馬上被抓起來。縣老爺問清原因後雖然覺得很可笑，但還是得依規矩，賞了他二十個大板後才放他回去。

你的未來,一定要活得比現在精采

二十大板對楚人來說還算是很輕微的教訓，竊取官印的罪行可是相當重大的。這則故事看起來或許可笑，甚至有人會說：「天底下哪有那麼笨的人？」的確，楚人的行為很愚蠢，但是，現實中就有許多人，正在做著同樣的事，那就是欺騙自己。

當我們不願意承認或者不想要面對自己的錯誤時，便選擇用

「善意謊言」來安慰自己，就像鴕鳥一樣，以爲將頭埋進沙子裡，看不見就等於不存在。但誰都知道，那只是自欺欺人而已。

面對困難需要勇氣，或許路途中會受傷，會有所延誤，但是只要勇敢面對，最終會走到目的地。

PART 9

懂得付出，
才能活出生命的價值

在每個角落有許多需要關懷的人正默默等待著愛，

將無數的小愛化為大愛，

這就是生存的意義。

Natural

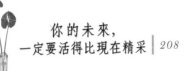
憐憫之手可撫平疼痛的傷口

憐憫是一種寬容的表現，也是與人相處不
可缺少的橋樑，謹慎使用，便會帶給自己
前所未有的收穫。

憐憫是人類行為中很特別的一環，它不像愛那麼濃烈，也比
不上寬容的偉大。

愛是積極的，不計代價往前衝，只祈求所愛的對象能得到幸
福；憐憫則是消極的行為，是一種只能在原地的踏步，卻無法改
變事實的安慰。

然而，憐憫之心卻是一切善心的基礎，所有關懷的開始。即
使再堅強的人，內心都有一個脆弱的地方，需要一雙溫柔的手，
輕輕地呵護、撫摸它。就算只有一個眼神、一句問候，都能成為
前進的能量。

索爾‧胡洛克是一位古典音樂經紀人，也是美國最佳音樂經
紀人之一，因為工作的關係，時常與藝術家有接觸，並曾擔任查
理‧亞賓的經理人三年之久。查理‧亞賓是個風靡一時的男低音，
也是個問題人物，行為就像一個被寵壞的小孩，常常帶給別人麻
煩，且愛耍脾氣。胡洛克曾經語重心長地說：「查理‧亞賓是個
各方面都叫人頭痛的傢伙。」

某次查理‧亞賓在演唱會當天中午打電話給胡洛克，抱怨道：

「我覺得全身都不舒服，喉嚨就像被一塊碎牛肉餅卡住一樣，聲音沙啞又難聽，今天晚上我不想上台演唱了。」

胡洛克雖然不高興，但一句責備的話也沒說。他馬上趕到查理‧亞賓居住的飯店，面帶憂傷，同情地說：「我可憐的朋友，你一定感到很難受，看來我必須馬上把演唱會取消，這樣做雖然會讓你損失個一兩千塊，可是跟名譽比較起來，這根本不算什麼，身體比較重要啊……」

查理‧亞賓聽完嘆了一口氣說：「或許下午狀況就會好一點了，五點鐘的時候，你再來一趟，看看那時我會不會舒服點。」

到了下午五點鐘，胡洛克再度前往飯店探視查理‧亞賓，仍然表現出十分同情的姿態，告訴查理還是將演唱會取消，好好休息會比較好。

查理‧亞賓遲疑了一會兒，再次嘆了一口氣說：「唉！也許晚一點就好了，你還是待會兒再來看看我吧！」

到了演唱會開始前三十分鐘，這位任性的男低音終於答應登台演唱了。

你的未來,一定要活得比現在精采

乍看之下，胡洛克似乎十分憐憫查理的處境，終究使查理願意登台。不管他是不是真心，至少聽在對方心裡是舒服的，因為有人站在自己的立場來著想，讓人覺得受到了重視。

俄國文豪列夫‧托爾斯泰在名著《復活》裡如此寫道：「人對待東西可以沒有愛心，砍樹也罷，造磚也罷，打鐵也罷，都可以不需要愛心。但是，人對待人卻不能沒有愛心。」

適度的憐憫，可以成為人與人之間的潤滑劑。它對受到委屈

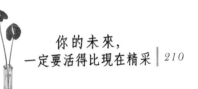
的人而言，就像一帖消炎藥，可以消火，避免惡化，達到平撫情緒的作用，等到一切冷靜下來，才有辦法做進一步的治療，了解問題的根本。

憐憫是一種寬容的表現，也是與人相處不可缺少的橋樑，讓自己具有憐憫之心，並且謹慎使用，便會帶給自己前所未有的收穫。

只要一個小鼓勵，你就是伯樂

 在大家都不認同的情況下，鼓勵的舉動顯得彌足珍貴。一個小小的讚美，便能在心中播下信心的種子，然後成長茁壯。

法國大文豪福樓拜說：「天才是神賜，但是才情卻是我們自己的事。以不休的耐心，不斷地奮鬥，一個人就能得到才情。」

一個人的成功，必須經過不斷的努力。在努力的過程中，有些人會碰到提拔自己的貴人，或者給予鼓勵的支持者，雖然這些人對你所追求的目標不一定了解，但是卻能以伯樂般的眼光，讓你感覺自己就是那匹良馬，等待時機闖出一片天地。

有一個來自貧苦家庭的小女孩，從小就很喜歡唱歌，時常夢想著自己有一天可以站上舞台。但學校合唱團在甄選團員時，她卻落選了，只因她長得又矮又瘦，一點也不起眼，而且長年穿著一件破舊不合身的衣服。

小女孩難過地走到公園，躲在樹下傷心地哭了起來，心想：「為什麼我不能唱歌？難道是因為我的歌聲很難聽？」

想著想著，小女孩停止哭泣，輕聲唱起歌來，她一首接著一首渾然忘我地唱著，就像什麼事也不曾發生過，直到疲累為止。這時，一道蒼老卻有力的聲音響起來：「唱得太棒了！小朋友，謝謝妳！妳讓我度過一個愉快的下午。」原來是個滿頭白髮的老

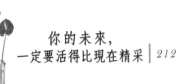
先生，他對小女孩點點頭，帶著微笑離開了。

第二天放學，小女孩迫不及待往公園跑去，果然看到老先生仍然坐在昨天的位置上，滿臉慈祥地看著她。小女孩靦腆地笑了笑，開始唱歌，老先生聚精會神地聽著，一副陶醉其中的表情。

唱完之後，老先生大聲喝采，並給小女孩熱烈的掌聲：「妳的歌聲真是太棒了！謝謝妳，小朋友！」說完，老先生仍然獨自離開。

就這樣過了許多年，小女孩長大了，成了一個漂亮的大女孩，而且實現了幼時的夢想，踏上舞台成為知名的歌星。

在眾人的掌聲中，她念念不忘的卻是小時候坐在公園涼椅上那位慈祥的老先生，於是她抽空回到家鄉，來到公園想尋找懷念的身影，但是剩下的只有一張空空的涼椅。她向附近的人詢問老先生的消息，才得知他早已過世，並且聽見一個令人震撼的訊息——其實，老先生一直是個聾子。

當年的小女孩悵然若失地走回公園，坐在那張涼椅上，輕輕撫摸著椅子的邊緣沉思了起來……

你的未來,一定要活得比現在精采

為何老先生是個聾子的消息會讓人震撼？如果聽小女孩唱歌的是個音樂鑑賞家，認定了小女孩沒有天分，是否就沒有日後知名女歌手的出現？

在這個世界上，沒有人可以看輕另一個人的能耐與價值，可惜世俗的眼光，常常決定了一個人的未來。

相信你一定有過類似的經驗，當你想要嘗試某項不拿手的事物時，別人卻這樣說：「別試了！你對這個不在行，還是做你會

的就好。」

　　於是，有七成的人會打消念頭，兩成的人摸了一下就放棄，只有一成的人會一試再試，到最後，會成功的，只剩少數的一兩個人。

　　因此，在大家都不認同的情況下，適時鼓勵的舉動就顯得彌足珍貴。

　　故事中的老人讚美小女孩，小女孩成為知名歌手，相信這都是兩人當初所始料未及，因為一個小小的讚美，悄悄在女孩心中播下信心的種子，最後慢慢發芽、成長、茁壯。

　　別輕忽自己的言行舉止，因為任何不經意的舉動都可能對一個人造成終生的影響，同時也要相信自己的能力，因為才情必須靠自己來開發。

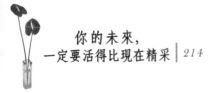
助人，也要審時度勢

社會上還有許多需要我們伸出援手的人，
只要衡量自己的能力，每個人都可以適度
給予別人幫助。

雖然說助人為快樂之本，但伸出援手之前也要在心中有個底，
別一頭熱地投入救援，而忘了自己有多少能耐，否則人還沒救成，
自己就先出狀況，反而成為他人的負擔。

這個社會當然需要一群為善之人，才能和樂安穩，只是要記
住一點，為善之前一定要謹慎。

齊王生了一場重病，召集了全國最優秀的大夫都無法醫治，
就在大家都束手無策時，有大臣建議太子前往鄰國尋找醫術精湛
的大夫。許多大夫在了解齊王的病症後，都表示已無法醫治而不
願前往，就在大家都快放棄時，有人在宋國找到一位名叫文摯的
大夫，有著妙手回春的稱號，經過眾人再三請求，文摯終於願意
前往齊國。

文摯到了齊國，幫齊王診斷過後，告訴太子：「雖然我可以
幫大王治病，但是，大王好了之後一定會把我殺掉。」

太子一臉疑惑：「獎賞你都來不及了，怎麼會殺了你呢？」

文摯嘆了一口氣回答道：「大王的病，必須要激怒他才能治
好，可是一旦激怒了大王，那麼我的下場恐怕不大樂觀。」

　　太子一聽馬上向文摯叩頭請求：「先生務必要救父親啊！假若先生治好父王的病，父王卻要殺你，我和母親會不惜以死力爭。相信父王一定能體會我們的苦心赦免你的，所以請先生不用擔心。」

　　文摯見太子行如此大禮，又再三地保證，終於答應了。

　　文摯先和太子約好治病的日期，但是連著三次都失約，齊王因此大怒，到了第四次，文摯終於來了，不過卻遲到很久。當時齊王已經很不滿了，文摯卻沒有向他請安道歉，反而連鞋子也沒脫，就跳上床，一把踩住齊王的衣服，粗魯地詢問齊王的病情，齊王氣得一句話也不肯說。

　　文摯又找機會說些話，再度激怒齊王，齊王忍無可忍，跳起來大聲責罵，沒想到罵完後病也好了。

　　事後，齊王非常生氣，無論太子和王后如何乞求，都不肯原諒文摯，後來文摯仍被齊王給處死了。

你的未來,一定要活得比現在精采

　　連太子跟王后的鐵票保證，還是挽不回文摯的性命，讓一條助人的生命無辜地消逝，更留下兩人的愧疚。

　　熱心助人的結果卻徒留遺憾，這真的是助人的真義嗎？

　　引起廣泛討論的玻璃娃娃事件，也是一個讓人難過的實例。幫助玻璃娃娃的同學出於善心助人，可是卻意外導致受助者死亡，這中間沒有誰對誰錯，留下的只有遺憾。

　　要幫助別人之前，先斟酌自己的能耐，社會上還有許多需要我們伸出援手的人，不要因為一時的打擊而失去助人的熱心，只要衡量自己的能力，每個人都可以適度給予別人幫助。

懂得付出，才能活出生命的價值

在每個角落有許多需要關懷的人正默默等
待著愛，將無數的小愛化為大愛，這就是
生存的意義。

有位哲人說：「真正的愛心，是照顧好自己的這顆心。」

愛，是一種付出，付出越多，越能刺激它的生長。每一個活
在世界上的人，都需要別人的關愛，也要學習如何去愛別人。

然而愛，必須以健康的方式來進行，它是一種可以讓人改變
身心的高貴情操，不要求回報，不計較得失，在付出的同時，自
己也活得更有意義。只有這樣，才能稱得上是真正的愛。

有位守墓人每個星期都會收到一位陌生婦人的來信，信裡面
總是附上鈔票，交代守墓人買一束鮮花，放在她兒子的墓前。這
樣的日子一連過了好幾年，但他們彼此都沒見過面。

有一天，一輛轎車來到了公墓大門口，司機匆匆忙忙走下車，
來到守墓人的小屋，告訴守墓人：「車上有位婦人想見你，但是
她病得很重，無法下車，是否可以請你走一趟呢？」

守墓人走到車旁時，果然看到一位面容憔悴，但又有幾分貴
氣的老夫人坐在車上。她眼神哀傷、毫無精神，懷中抱著一大束
鮮花。

「你好，我是亞當夫人。」她伸出手來，對守墓人說：「這

幾年來我每個禮拜都寄錢給你……」

　　守墓人握著亞當夫人無力的手回答：「買花。」

　　「是的，爲我兒子買花。」

　　「我不曾忘記您的囑咐，夫人。」

　　「今天我親自來到這裡……」亞當夫人停頓了一下，「是因爲，我快死了，醫生告訴我，我最多只能再活幾個禮拜。死了也好，我一個人孤獨地活在世上也沒什麼意義，我只想再看兒子一眼，所以親自來送花給他。」

　　扶著夫人緩慢地來到墓前，看著她將花放下，守墓人靜默了一會兒，終於忍不住開口：「鮮花擱在那兒，沒幾天就枯萎了，既沒人聞，也沒人看，其實很可惜……」

　　「你是如此覺得嗎？」亞當夫人認眞問著。

　　「是的，夫人，請您別見怪。」守墓人遲疑了一下，繼續說：「我常常到醫院或者孤兒院探望那些需要照顧的人，他們過得很辛苦，但是總是對生命懷抱希望，他們喜歡看花，也喜歡聞花兒的香氣，更非常努力地在世界上活著。可是躺在墓地裡的，有哪一個是活著的？」

　　老夫人無言地坐著，默默禱告一陣子後，沒說什麼就離開了。守墓人有些懊惱著自己的行爲，他擔心這一番話太直接，會讓老夫人受不了。

　　幾個月後，老夫人忽然來訪，而且是自己開車來，守墓人驚訝地望著她。只見她笑著說：「我把花都送到醫院跟孤兒院了，那裡的人們看到花兒可高興了，連我也感受到快樂的氣氛，病情也好轉了，雖然醫生不明白爲什麼會這樣，但是我知道，因爲自己活著還有些用處。」

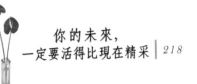

你的未來，一定要活得比現在精采

　　亞當夫人對孩子的愛，當然不容否定，但是她放任自己沉浸在喪子的悲痛中，整日悲傷，看似憐憫年輕生命的早逝，其實是在可憐自己，覺得自己已經沒有活在世上的價值。

　　正是這樣的念頭把她推向死神，直到守墓人的一席話點醒了她。

　　每個人的一生中，都會有自己想要守護、關愛的對象，當這個目標消失時，是否就失去生存的意義呢？既然活著，就要活得有價值，不要忘記，在每個角落都有許多需要關懷的人正默默等待著愛，將無數的小愛化為大愛，這就是生存的意義。

　　英國思想家培根曾說：「一個人如果能在心中充滿對人類的博愛，那麼他雖在人間，也就等於生活在天堂之中了。」

　　如果人人都願意獻出自己的愛心，那麼，待人接物必然更加寬容，這個世界也必定會變得更加璀璨溫馨。

　　愛，是人類最高尚的行為表現，人世間的一切都有消滅的一天，唯有愛心例外。真正的愛，是推己及人，最重要的是，當你能照顧好自己，才能愛護別人。因為愛，是來自於快樂的人。

過度謙卑只會顯得虛偽

謙虛可以暫時舒緩充滿距離感以及競爭壓力的人際關係，只是謙虛若沒拿捏好尺度，就會變成虛偽和做作。

一個人最要不得的性格就是驕傲。

驕傲的人總是自以為了不起，不但沒有把別人放在眼裡，還容易流於任性、頤指氣使，因而常常得罪別人。

這時候謙虛就必須替驕傲建起一道溝通橋樑，才能將傷害減至最低。謙虛並非自卑或懦弱，只是讓自己更謹慎小心，避免高估了自己。

但是，過度的謙虛也是一種美德嗎？

當然不是！法國作家拉美特利在《人是機器》一書中告訴我們答案，他說：「過分的謙虛，是對自然的一種忘恩負義。相反的，一種誠摯的自負，卻象徵著一個美好而偉大的心靈。」

這番話告訴我們，凡事都要適可而止，否則就是虛偽了。

從前，齊國有一位員外，大家稱他為黃公。他非常嚮往古聖先賢的高尚美德，因此想盡辦法模仿文人雅士，可是，無論怎麼學習都只能做到皮毛的功夫，無法深入其中。

在多次弄巧成拙，被人恥笑後，黃公決定找出一個簡單，又不容易出差錯的德行來模仿就好。

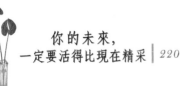
　　他想來想去，還是找不出一個適合學習的美德，直到有一天，一位來自遠方的親戚前來拜訪，心裡才有了譜。

　　這位親戚看到黃公的大女兒時，忍不住誇讚起她驚人的美貌，黃公立刻謙虛地說：「哪裡，哪裡，只不過是個長相普通的女孩罷了。」

　　親戚聽到黃公這樣回答，就對他說：「您真是太謙虛了。」

　　聽到這句話的黃公突然靈光一閃，拍了一下大腿，心裡想著：「對了，就是這個！我所要學習的就是謙虛的美德。」

　　從那天起，黃公不管見到誰，都想盡辦法要表現出謙虛。

　　黃公的兩個女兒都有著沉魚落雁的美貌，因為女兒太美麗了，黃公為了要表現自己有著謙虛的美德，只要有人問起女兒的事，他就用謙虛的態度說女兒多麼不好看，連媒人上門來提親，他都要先批評自己的女兒一番，講到讓媒人打消了說親的意願。

　　到最後，齊國人紛紛謠傳著，黃公的兩個女兒是讓人見了會倒退三尺的醜八怪，連脾氣都像母夜叉，誰娶到她們就是誰倒楣。就因為這樣，兩個女兒過了適婚年齡，仍然沒人敢上門來提親，黃公的妻子也因黃公耽誤了女兒的婚姻而氣出病來。

　　有個來自魏國的鰥夫，在陰錯陽差之下娶了黃公的大女兒，回到家後，才發現妻子不若謠傳般的可怕，甚至是個溫柔賢淑的美人兒。

　　之後，他告訴別人：「黃公為人果然謙虛，所以才說女兒長得不好看，聽說他的小女兒更是美麗啊！」

　　消息一傳出，齊國人爭相前來下聘，黃公的小女兒終於順利出閣了。

你的未來,一定要活得比現在精采

看完這則故事,不禁讓人嘲笑黃公的愚昧,想學習古人的美德,卻又不了解其中的深意,只抓到皮毛就急於表現,使得謙虛淪爲虛僞,更糟糕的是還牽連了兩個無辜的女兒。

在現代這種競爭的時代,人們都急於表現、推銷自己,有時難免流於誇大浮華,說久了,就連自己也相信了,因而在不知不覺中自我膨脹。這時候謙虛就可以暫時舒緩充滿距離感以及競爭壓力的人際關係。

只是謙虛若沒拿捏好尺度,就會變成虛僞和做作。

福特汽車的總經理西蒙・E・努德曾經說過:「在自誇之前,要先說自己以前多麼愚笨。」

這也是提升自己的一種方式,比較不會讓人感受到傲氣,甚至有加分效果。但是若別人都已了解你的成就,你還過度謙虛,反而像是變相的侮辱,就像一個瘦子在胖子面前拼命的說:「我眞的覺得我好胖唷!」聽在胖子的耳裡,怎麼會好受?

或許說者無意,可難保聽者有意,這樣謙虛豈不流落於嘲諷?

有幾分實力就努力出表現幾分,才是現今謙虛的意義。

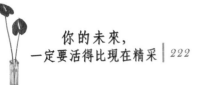

享受生活中的小事就是幸福

 其實只要懂得享受生命，幸福生活也可以
很簡單。人活著，就必須讓自己真正去體
驗生命。

　　人們會因為外在環境而影響自己的心性，在忙碌、狹窄的空
間，不知不覺中心胸也跟著狹窄，鑽牛角尖，進而影響自己的生
活，對一切失去熱忱。

　　其實，我們所處的環境帶來怎樣的影響，都與我們自身脫不
了關係。要是不能用心去感受它，即使再好的條件，人生還是沉
重的。

　　所謂的生活的樂趣只是一種感覺，常常就在自己的身邊，只
是我們沒有發覺而已。每個人都有每個人的快樂，只要能用開闊
的心胸生活。

　　一個富商身染重病，時日無多，有一天他躺在床上休息時，
聽到窗外傳來一陣嘻笑聲，原來是廣場前有一群孩子在雨後抓蜻
蜓。於是他把四個年輕的兒子叫來床邊，對他們說：「我已經好
多年沒見著蜻蜓了，你們到空地上捉幾隻過來讓我瞧瞧。」

　　不一會兒，大兒子就帶了一隻蜻蜓上來。富翁問他怎麼那麼
快就回來，而且才抓一隻而已，大兒子回答他：「我希望能讓爸
爸快一點看到蜻蜓，就用您剛剛送我的那台遙控車，跟小朋友換

了一隻蜻蜓。」

富商聽完，若有所思地點了點頭。

又過了一會兒，二兒子也回來了，手上捉著兩隻蜻蜓。富商問他蜻蜓是怎麼抓來的，二兒子告訴他：「我把剛剛您送我的小飛機用三分錢租給一個小朋友，然後拿其中的兩分錢跟另一個小朋友租了兩隻蜻蜓。」

富翁聽了，不禁笑了笑。

不久，老三也上來了，帶來十隻蜻蜓，富翁又問了他同樣的問題。

「爸爸，要不是怕您等不及，原本我可以帶十五隻蜻蜓回來的。剛剛我把您給我的模型汽船舉得高高的，問問看有沒有人要玩，想玩的只要交一隻蜻蜓。」富翁聽了，拍拍三兒子的頭。

過了好一陣子，小兒子才慢吞吞的走上來，只見他滿頭大汗，衣服上沾滿灰塵跟泥土，手上一隻蜻蜓也沒有。

富翁問：「孩子，你怎麼把自己弄成這樣呢？」

小兒子低著頭，愧疚的說：「我捉了老半天，一隻也捉不到，就乾脆坐在地上玩您給我的小火車，我想著說不定小火車可以撞上一隻跌落在地上的蜻蜓。後來看到哥哥們都離開了，等了一陣子還是沒撞到蜻蜓，只好回來了……」小兒子愈說愈小聲，忍不住哭了起來。

富翁慈祥的笑了，將四個兒子摟在懷裡，替他們擦掉臉上的汗珠。

第二天清晨，當兒子們要向富翁請安時，才發現他已經過世了。他們在富翁的床頭發現了一張小紙條，上面寫著：「孩子們，我需要的並不是蜻蜓，而是希望你們能感受到捉蜻蜓的樂趣。」

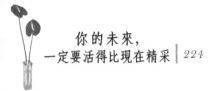

你的未來,一定要活得比現在精采

在追求生活的目標時，我們常常忘記這樣做的原意何在。長輩們總是諄諄教誨著要如何如何爲將來打算，之後才能過好的生活，老了才會幸福，可是當我們達成所謂「好生活」時，卻不一定快樂，因爲在這段「努力」的過程中，已經忘了如何過「好生活」，甚至不知道怎樣才稱得上好。

其實，只要懂得享受生命，幸福生活也可以很簡單。

人活著，就必須讓自己眞正去體驗生命，即使是一個抓蜻蜓的動作，都能讓人樂在其中。如果人生只能選擇這樣過，那就敞開心胸，去擁抱、接受、品味它。沒有嘗遍酸、甜、苦、辣，怎能了解生命的樂趣呢？

想有無價回先要有無私付出

只要是無私奉獻，會發現生活更有意義，

因為更多的愛、尊重與樂趣將來到身邊。

　　王爾德的童話《快樂王子》裡，以鉛塑成的雕像王子要小燕子將鍍在身上所有的金箔、寶石送給需要幫忙的人，雖然到最後他看起來就像個乞丐般寒酸，連眼睛也瞎了，可是內心在此時才真正擁有了快樂。

　　一直幫忙他的小燕子為此趕不及和同伴們前往埃及過冬，最後長眠於王子身邊，儘管如此，牠是滿足的。

　　當上帝要天使到城市裡選兩件最寶貴的東西帶回來時，天使帶回了一顆鉛製的心和一隻死鳥。

　　「你挑選對了。」上帝高興地說，「在天堂樂園裡，這隻小鳥將永遠歌唱；在黃金宮殿裡，快樂王子將會讚頌我。」

　　付出一切的回報是無價的，因為得到的是快樂。

　　炎炎夏日，毒辣的陽光曬的萬物像鐵板上的肉塊般，滋滋作響，狗兒趴在屋簷下，吐著舌頭猛喘氣，只有傘不畏日曬，努力撐開身子，為主人遮住灼人的陽光。

　　到了梅雨季或秋雨綿綿的日子，傘還是努力撐開身子，為主人遮風擋雨，不讓主人被雨淋濕。

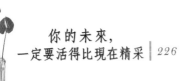
　　即使太陽曬到雙肩快要脫掉一層皮，雨水打到全身發痛，狂風吹的全身骨頭都要散掉，傘還是盡忠職守，不說一句怨言。

　　可是進到屋內後，主人就把傘收了起來，放到屋角，不再看上一眼，謙虛的傘就這樣安安靜靜地偎在牆腳。

　　這時候，一隻花貓走了過來，疑惑問道：「傘大哥，你為主人付出了那麼多，主人卻沒有給予任何獎賞，還對你不聞不問，難道你都不覺得這樣的生活很沒意義嗎？」

　　傘微笑著反問花貓：「如果人們需要我的時候，我反而縮起身子，躲得遠遠的；人們不需要我時，卻拚命撐開身體，顯示自己的存在，這樣活在世界上又有什麼意思呢？」

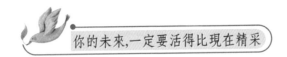

你的未來,一定要活得比現在精采

　　法國馬賽有一名警官名叫梅爾，為了緝捕一名姦殺女童艾美的罪犯，付出了幾十年的歲月。

　　他查遍所有文件檔案，打了三十多萬通電話，甚至走過四大洲近八十多萬公里的距離，不放棄任何一點蛛絲馬跡，日以繼夜地追查兇嫌。

　　由於把所有的心力都放在工作上，兩任老婆都因此離他而去，他仍不改初衷，終於在七十三歲那年，親手逮捕兇嫌。當他銬住犯人的那一刻，他興奮地說：「小艾美終於可以瞑目，我也可以退休了。」

　　有記者問他這樣做值得嗎？他回答：「一個人的一生只要努力付出，認真做好一件事，這輩子就沒有白活。」

　　在這個社會上，有一群像傘和梅爾警官這樣的人，他們靜靜付出、默默貢獻，他們的用心形成一條無形的鍊子，將人們圈在

一起。

　　或許會有人說，這個社會仍然充滿了暴戾之氣，但是如果沒有這樣一群人默默做事，今天的生活環境大概找不到一絲平靜。

　　人們習慣於享受他人的付出，將此視為理所當然，而沒有心懷感激之意，殊不知在這個世界上，沒有所謂的誰就該為誰付出。然而，付出和收穫是一體兩面的，或許沒有實質的回報，但是只要是無私奉獻，會發現生活更有意義，因為更多的愛、尊重與樂趣將來到身邊。

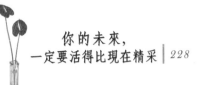
生命不會是一成不變的

生命中沒有不會改變的東西，就算是親
情、愛情，也會有情感濃淡轉換的差別，
變化是在無聲無息中進行的。

　　當我們面對困難時，常常會感到無比難受，那是因為問題不
好解決，在不斷的失敗中，痛苦指數自然上升。

　　要是同樣的問題到了別人手上，卻能輕輕鬆鬆迎刃而解，這
時候就該好好檢討自己，是真的技不如人，還是另有隱情呢？

　　再看看別人所使用的方法，或許你會發現，方法其實並不難，
但為什麼當初就沒有想到？那可能就是固執而造成的刻板印象綁
住了你。

　　在一個炎熱的天氣裡，佛陀一行人經過一片森林，日正當中
時，他們停在樹蔭下休息。佛陀覺得口很渴，就對身邊的弟子阿
難說：「不久之前我們不是有路過一條小溪嗎？你前去幫我取一
些水回來。」

　　阿難聽完佛陀的吩咐，馬上起身往回走去，但是，當他走到
小溪旁時，發現因為剛剛的車隊經過，溪水變得非常混濁，於是
就空手而回。

　　阿難告訴佛陀：「小溪的水實在太髒，不能再喝了。請允許
我繼續往前走，我知道距離這幾里處有一條小河，可以去那邊取

水。」

佛陀說：「不用了，你回到剛剛那條小溪取水就可以了。」

阿難雖然心裡不服氣，還是乖乖走回去。

他邊走邊想著，這樣做只是浪費時間白跑一趟而已，溪水還是很髒不能喝，那有什麼意義呢？當他走到一半時，越想越困惑，於是就跑回去問佛陀，為什麼一定要取那條小溪的水。

佛陀沒有解釋，只是堅定地說：「你再去一趟。」阿難只好遵從。

當阿難回到小溪旁時，才驚訝地發現到溪水又回復到原來清澈、乾淨的模樣，泥沙已經消失了。

阿難開心地在水壺裡裝滿水，輕快走回去，跪在佛陀跟前說著：「感謝老師給我上了偉大的一課，我現在終於知道，沒有什麼東西是永恆的。」

你的未來，一定要活得比現在精采

固執，並非缺點，因為執著於某個信念，能讓人堅持下去。但是若固執變成頑固不知變通時，那就要小心了。

堅持己見，會讓自己故步自封，不願意接受新的知識，不肯嘗試新的方法。

當環境正在改變，卻還固守舊有的理論和方法而自以為是時，等在前方的結果就是被自然淘汰。

在萬物的生存史中，能留下來的生命往往是經過演進改造的，絕種的動、植植物，則是無法適應環境而消失的一群。

同樣的，生命中沒有不會改變的東西，就算是親情、愛情，也會有先後濃淡的差別。不管帶來的感覺是好是壞，最重要的是

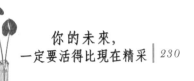
你要懂得調適自己，以萬全的準備去面對環境改變。

人與人相處也是如此，有時候，要讓自己加快腳步，好跟上前面的隊伍；有時候則可以慢下速度，讓自己有時間和空間獨立思考和觀察，因為變化是在無聲無息中進行的。永恆，只在刹那間，你只能珍惜、回味它。

PART 10

快樂烹調你的幸福人生

培養興趣是一項重要的生活條件，

在興趣中建立目標，

不但能使自己活得快樂，

也能讓人感受到蓬勃的生命力。

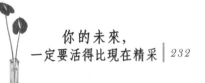
用你的熱情執著來感動人心

生命中最光彩的一段，往往需要一些執著，熱愛你所追求的事物，不輕易說放棄，才能感動自己，也感動他人的心。

美國演員華倫・比提曾經如是說：「在人生中，你會碰到真心熱衷某事的人，而有時候，或許自己也熱衷同樣的事。你必須珍惜這些關係，持續地保持這種熱情。」

美好一面被呈現時，背後往往有許多不為人知的辛酸。一首動人的樂曲、感人的篇章、讓人陶醉的作品問世前，需要不斷思考、反覆嘗試，最後才能在無數次的失敗中出生。

真正讓人感動的，是從其中透露出來的精神。

還記得大學時，因為一個動人身影而選擇進入舞蹈性社團，伴隨音樂所呈現完美的她，讓人的眼光再也移不開。

等到自己真正開始練舞時，卻是苦不堪言，連基礎的熱身拉筋，都會痛得哇哇叫。

那時萌起了一股念頭，或許自己並沒有天分，運動細胞是零，永遠也無法跳出曼妙的舞姿。

快放棄時，一位前輩告訴我，我所嚮往的她，在最初入社時，練舞的狀況比現在的自己還糟上好幾倍。

這位前輩說，她不僅沒有音樂細胞，拍子永遠抓不到，肢體

動作僵硬，就像個機器人一樣，更慘的是，她非常容易頭暈，只要一兩個轉圈，馬上出現暈車、暈船的症狀。

當其他人像閒暇娛樂般輕鬆跳完舞回去休息時，她總是一個人留在鏡子前，一遍又一遍地跳著，每一個動作，都花上很長的時間練習，轉圈轉到頭暈，吐完了還是繼續轉下去。為了彌補音樂細胞的不足，她還把所有的曲子錄回去，反覆聆聽……

聽完之後，我簡直不敢相信，完全無法想像只有利用短短幾年課餘的社團活動時間，可以讓一個完全沒有接觸過舞蹈又沒天分的人，練出有如舞蹈系出身般的成就。

因為這席話，讓我在社團待到畢業，也留下幾次美好的舞台經驗。

你的未來，一定要活得比現在精采

音樂大師史達溫斯基在一次音樂獎的頒獎典禮上被問到，什麼事情是他一生中最感動、驕傲的時刻？是功成名就？還是掌聲響起？

結果這位音樂大師的答案，讓許多人打從心底感動不已。他說：「每當當我在思考創作時，我會不停地思索著一首新曲中的每一個音符是要 Do 還是 Mi。當我終於在所有音符中找到它時，那便令我最感動的一刻。」

許多觸動心靈的故事，不一定發生在風光的一面。掌聲中落下的淚水，不僅是因為亮麗舞台上的自己，而是辛辛苦苦一路走來的堅持。

想要揮灑生命中最光彩的一段，往往需要一些執著，以及不放棄的精神，熱愛你所追求的事物，不輕易說放棄。

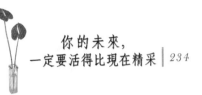

只有這樣，才能感動自己，也感動他人的心。

在人生的道路上，每一步都要確實落下，認真生活，未來再回首時，我們才會為自己努力的生命而感動。

人與人交往也是如此，想要有圓融的人際關係，就必須充滿熱情用心經營，才能收穫豐碩的成果。

快樂烹調你的幸福人生

培養興趣是一項重要的生活條件，在興趣
中建立目標，不但能使自己活得快樂，也
能讓人感受到蓬勃的生命力。

所謂圓滿的人生，通常會有一個奮鬥的目標。但是當這個目標完成，或者永遠不可能實現時，人生是否從此就失去意義了呢？

那些努力工作、辛勤一輩子的人，卻在退休後的短短幾個月內，成為老年癡呆症患者，或是就這樣離開人世的例子時有所聞。本該享清福的晚年就這樣結束實在可惜，那麼之前的奮鬥，到底為的是什麼？

歸納原因，是因為他們退休後突然閒了下來，生活沒了目標與重心，終日無所事事，不知如何打發時間，因此腦袋鈍了，也失去了生活的動力。

布魯若先生退休後不久，他的妻子就過世了，使他承受重大的打擊。才六十五歲的他一夕之間蒼老許多，每天悲傷地望著妻子的相片發呆，要不就坐在電視機前面動也不動，直到睡著。他不再與朋友來往，把自己關在屋子裡，就像從這個世界蒸發了一樣，慢慢地人們也忘了他的存在。

日子一天一天過去，他的女兒見到父親仍未脫離喪妻之痛，感到焦急萬分，不停思索著該如何才能提振父親的精神。記得母

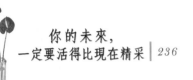
親在世時，父親是個隨時隨地都充滿活力的人，幾乎沒有什麼事能難倒他的，現在她到底要怎麼做才可以重新喚回父親對生活的熱情呢？

一個下午，女兒提著大包小包的食材，和一份小禮物去探望布魯若。看著女兒放到他手上的東西，布魯若好奇地詢問。

「那是我送你的禮物。」女兒邊說邊把帶來的食材放進冰箱，布魯若打開禮物一看，原來是本食譜。

「這是給初學者使用的烹飪書。我擔心你天天吃罐頭食品會營養不良，所以送你這本書。」女兒貼心地坐到父親身邊翻開食譜：「這裡面有你喜歡的菜色，像是義大利通心麵、奶油燉白菜、烤肉捲……等等，希望你空閒的時候可以嘗試做做看。需要的材料我幫你買好了，就放在冰箱裡。」

女兒離開後，布魯若先生將食譜從頭到尾認真地翻了一遍，並仔細研究，直到肚子發出咕嚕聲，這才想起該吃晚餐了。於是，他走到廚房，按照書上的指示，一步步地嘗試製做他最愛的奶油燉白菜，令他驚喜的是，沒想到煮出來的奶油燉白菜味道出乎意料的好。

從此，布魯若先生愛上了烹飪，料理成為他生活中的一大樂趣，而且那不再只是單純滿足於填飽肚子，他更要求食物烹調出來的美味。當他對自己的烹飪技術十分自信後，便開始邀請朋友到家中品嚐，如此一來，不僅可以在大家面前顯露一手廚藝，看到每個人吃得津津有味的幸福模樣，布魯若先生也因此而感到無比快樂。

「烹調」讓布魯若的生活有了新的開始，更讓開朗笑容重回到臉上。

你的未來,一定要活得比現在精采

如果人活著是為了達成目標,那麼,為了讓自己活下去,就必須學會尋找、建立目標。許多人把工作當成一種興趣,但是人會老,身體機能也會跟著退化,必定會有力不從心的一天,因此培養第二興趣是必要的。

培養興趣是一項重要的生活條件。在興趣中建立目標,不但能使自己活得快樂,更能讓人感受到蓬勃的生命力。

故事中的布魯若先生能從烹調中發現新生命,這也說明了生活中有許許多多的小細節正等待著我們去挖掘與尋找,只要認真烹調生命,說不定還能因此發現自己擁有未知的天分呢!

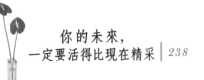
搭上經驗特快車，成功就在眼前

經驗，就是眾人的力量。前人已經替你做過無數次的實驗，經歷跌倒、受傷，最後終於開花結果，成為讓你受用的無價之寶。

有人說：「天時不如地利，地利不如人和。只有凝聚起群體的力量，才能讓自己有限的光明，變得更大更閃亮。」

中國也有句俗語說：「不經一事，不長一智。」

很多的經驗都是從失敗中吸取而來，所謂「失敗為成功之母」就是這個的道理。

因此，很多時候，我們必須學習當個經驗的吸收者，在他人的經驗裡學習成功法則，只是現在的人大都以自我為中心，不夠寬容的結果，行事當然不夠圓融，很難早一步成功。

歷史上許多成功者都懂得活用別人的經驗法則，如果成功之路是十年，那麼吸收他人的經驗，可以讓你減少摸索七年。

遠古時代，很多動物都還沒找到一套適合自己的生存方式，每天都在失敗中學習與摸索。

例如，那時候的蜘蛛，並不像現代的蜘蛛一樣，知道可以將絲結成網捕捉獵物，因此頭腦簡單的牠們，雖然有著吐出絲線的本領，卻還是常常餓肚子。

有一天，一隻餓得發慌的蜘蛛在樹上爬來爬去，想找一點食

物充飢，可是毫無收穫，後來終於無力地坐在樹枝上休息。當牠快打起瞌睡時，樹下突然來了一個人，牠好奇地張望著，想看看那個人在做些什麼。

原來那個人就是伏羲氏，正拿著一個像拼盤似的東西，放上許多小樹枝在上面擺弄。蜘蛛看到這些有趣的圖案，也依樣畫葫蘆，按照拼盤上的形狀吐出絲線，織出橫向、縱向的經緯線來，這些線慢慢的形成一張網。在蜘蛛還沒完工前，就有一些小生物不知不覺地踏進牠的網中，並且被絲線黏住而動彈不得，蜘蛛因此得以開心地享用一頓大餐。

蜘蛛飽食一頓後，馬上回到家中，將這個發現告訴所有的族人，並且教導大家如何織網來捕捉獵物。

「子子孫孫們，千萬要牢牢記住，這個編織法將成為我們謀生的法寶，而它是來自人類的智慧。」蜘蛛對著族人說了這段話。

有一隻自作聰明的小蜘蛛，因為看不起人類的智慧，堅持不用這樣的方式捕捉獵物，偏要模仿蚯蚓爬行的方法，織出蜿蜒連成一長線的網來。

可是，每當小昆蟲碰到牠的網線時，只要掙扎個幾下，網線就立刻破掉，即將到口的獵物轉眼便跑掉了。

幾次下來，小蜘蛛連一隻螞蟻也捉不到，餓得趴在地上，一動也不能動。

「怎麼樣？」一隻老蜘蛛見到這種情況，對小蜘蛛說：「還是接受前人寶貴的經驗吧！要知道，經驗是從痛苦中提煉出來的，它可以讓你少走點冤枉路，以加快成功的速度。」

你的未來,一定要活得比現在精采

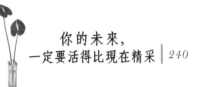

　　奧地利作家茨威格曾經說：「人生充滿苦難，必須活用眾人的力量。」

　　經驗，就是眾人的力量，也是知識的來源。這種知識是珍貴的，因為前人已經替你做過無數次的實驗，經歷跌倒、受傷，最後終於開花結果，成為讓你受用的無價之寶。

　　或許你寧可選擇自己嘗試，在失敗中求成長，然而人生又有多少時間可以讓你重來？有多少機會可以等待你的緩慢成長？

　　活用前人的經驗能讓人在旅途中少走點彎路，減輕沉重的包袱，但卻不會減慢你前進的腳步。

　　有時候，我們必須選擇搭上「經驗」這班特快車，唯有虛心求教，才是找出最快到達終點，卻不會錯失沿途風景的最佳方法。

用好奇心創造生活奇蹟

 我們對事情的處理方式大都維持在能過就好，即使對某方面滿是疑問，也不會有仔細的探究。

美國企業家薩姆・沃爾頓談及自己的成功法則之時，曾經說過：「不要理睬世襲的聰明，當大家按同一個固定模式行事時，你不妨獨闢蹊徑，按另一種不同模式去做，這樣才可能獲得成功。」

確實如此，想要獲得成功，就要充滿好奇心，不要人云亦云。

假期裡，許多強檔好戲接連上映，在冷氣房中享受聲光效果，讓感官與心智沉浸於精彩絕倫的電影之時，不免要慶幸自己生在這個進步的時代。

但若要真正的飲水思源，感謝讓我們享受電影的那個人，可能要說到一位賽馬迷——邁布里奇。

邁布里奇是一位英國攝影師，最喜歡的活動是賽馬。一八七二年的某個下午，他和朋友因為「當馬兒全速奔跑時，四個蹄是否完全離地」這個問題各執一詞，在賽馬場上爭論得面紅耳赤，誰也不肯讓誰。

後來，他們想出一個辦法來判斷誰對誰錯，只見兩人在賽馬場上架設了二十四台照相機，每台相機的快門都用一條線連著，

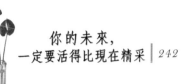
再將線拉到馬奔跑的路徑上，當馬將線扯斷時，快門也會自動按下。就這樣，用相機仔仔細細拍攝下一段段馬兒奔跑的過程。

根據拍下的相片，他們終於得出一個確實的結論，那就是，當馬全速奔跑時，四蹄的確是離地的。

只是，賽馬跟電影有什麼關係呢？當然，如果只有這些佐證用的相片，日後是不可能有電影出現的。

其實，得到答案的兩個人並沒有因此而感到滿足，他們接著將拍下來的照片，以等距離的方式鑲在圓盤上，當轉動圓盤時，他們驚奇地發現，馬真的「奔跑」了起來。

這個發現傳到了偉大發明家愛迪生的耳中，引起了他的高度興趣，經過不斷地研究與嘗試，具有劃時代意義的電影放映機終於問世了！

你的未來,一定要活得比現在精采

所謂抽絲剝繭，順著一條線索不斷尋找，便會有驚人的發現，如果淺嘗即止，就沒有今天電影的誕生。

當我們快樂地看著電影，屏息等待名偵探科南一層層解開謎題，揭開真相時，心中充滿著無限的刺激感，等到答案公佈時，那種放下懸著一顆心的快感是難以言喻的。

但是，日常生活中，我們對事情的處理方式大都維持在能過就好，即使對某方面滿是疑問，也不會有仔細探究的精神。這樣的生活態度讓我們成為任人擺佈的傀儡娃娃，可能偶爾會驚覺今天的困惑之線似乎繃得自己有點痛，但大多數人卻不會找到繩頭，將線放鬆一點。

是怕麻煩？還是有其他的原因呢？得過且過、不求甚解的做

事方法似乎已成爲現代人一種通病。

　　別把疑問永遠放在心底，不要讓自己成爲差不多先生。

　　抽絲剝繭就像剝洋蔥般，每剝開一片，總教人淚水直流。或許，探究事情的過程中會碰到許多困難，但挖掘出新發現的喜悅感及難以估計的價值，絕對值得我們勇敢嘗試。

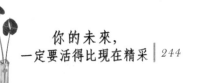

出牌不按牌理，掌握瞬間出現的契機

當一條路行不通時，要懂得轉彎，讓自己適應各種形勢和變化，有了機會時，再適度表現自己。

當你想要奮力往上跳時，第一個動作是不是先蹲下身呢？

成就大事業的人，並非都能一帆風順，在時機未到之前，常會有一段低頭時期，必須以退爲進，在暫時的「屈」中等待將來的「伸」。忍辱負重可說是考驗一個人是否能擔當重任的重要方法。

以退爲進，有時候也是一種攻擊謀略，一種誘敵之計。先讓對方以爲有利可乘，引蛇出洞後，才展開眞正的追擊。若換個說法，就是引起對方的注意，讓原本不感興趣的人浮現好奇心，有進一步探個究竟的動力。

法國十四世紀作家愛彌爾‧左拉出生於巴黎，七歲時父親罹患肺炎過世後，便和母親從此過著飢寒交迫的生活。

左拉十九歲時，因爲家境貧寒的關係，不得不中斷學業。

之後的幾年，他到處賺錢，甚至曾在海關旁的旅社打工，但是都持續不久，爲了生活也常典當身上的衣物，以維持家計。不過，喜歡文學的他，不論在多麼艱苦的環境下，都從未放棄寫作的興趣，利用有限的時間寫了很多作品，有短詩也有小說。

　　二十二歲那年，左拉進入一家出版社當小職員，在發行部門做打包的工作。兩年後，他將自己寫的一些小故事收集起來，帶著那疊書稿，開始向出版商「推銷」自己的作品。他前後拜訪了三家出版社，始終沒有人願意給他機會，讀讀他的作品，可是左拉並沒有放棄。

　　這一天，當他走到出版商拉克魯瓦的辦公室之時，忽然靈機一動，想著自己必須改變「推銷」作品的方法，一方面增加被錄用的機會，另一方面也可以維持自己的自尊。

　　於是，「碰」的一聲，他用力打開辦公室的門，直直地闖了進去。

　　拉克魯瓦看著眼前這個冒失的年輕小伙子，不解地問他前來的目的。

　　「已經有三家出版社拒絕這部作品了。」左拉一開口就這麼說。

　　拉克魯瓦愣住了，他看著左拉手上捧著那一疊書稿，心裡想著：「從來沒有一個作家會對出版商說自己的作品不受歡迎，這樣做，誰還敢替他出書呢？」拉克魯瓦對於左拉如此坦率的行為大感興趣，盯著他直瞧，想看看左拉到底打算說些什麼。

　　「我有才華。」左拉不等拉克魯瓦開口，就馬上接了一句。

　　由於左拉的直率，拉克魯瓦決定給他的作品一個機會，仔細看看他寫得如何。不久之後，他就跟左拉簽約了；這部作品，就是愛彌爾・左拉的處女作《給妮依的故事》。

你的未來，一定要活得比現在精采

　　讓面試官留下好印象，往往是每個求職者必備的條件，因此，

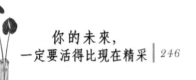

適度的包裝自己是不可缺少的。然而擁有決定權的上位者，早已閱人無數，什麼樣屬害的角色都瞧過，更何況是剛出社會的毛頭小伙子？

我們自我推薦，述說自己多麼有才能，總期望能達到加分效果，但看在主管眼裡，還是有很大的空間需要磨練。此外，眾多競爭者個個力求表現，想讓主管留下多一點的印象，有時候要懂得反其道而行。這並非要我們奇裝異服，言行放蕩，而是要能換個方法前進。

對拉克魯瓦這個經驗老到的出版商而言，聽過太多過度膨脹的虛華言詞，卻很少有人在推薦自己時，說出不利於己的話來。拉克魯瓦願意給佐拉機會，除了受到他直率個性吸引之外，還包含了極大的好奇成分。

因此，當一條路行不通時，要懂得轉彎，讓自己適應各種形勢和變化。當然，也別忘了順水推舟，有了機會，更要懂得適度地表現自己。

人生路程，可以自己決定

選擇一種適合自己的方式，該直走就直
走，想轉彎就轉彎，只要腳步輕盈，快樂
上路，就是最有價值的人生。

　　許多人為了追求符合理想的生活，按照計劃一步步地往前進，
然而，很多時候當他們終於走到最後一步時，才驚覺自己不過是
繞了一圈，去尋找身邊早就存在的東西而已。

　　人生路程如何走，其實沒有絕對正確的途徑，一切只是取決
於行動的價值觀。

　　有些人認為，要在一定的後盾下，才能真正的享受生活；有
些人則是活在當下，今天擁有什麼，就過怎樣的生活。即使終點
都是同一個，過程中所獲得的感受卻是截然不同的。

　　重要的是，不要後悔自己所選擇的途徑，並且要能辨識自己
尋找的東西，是否走別條路也可以到達目的地。想讓自己的人生
過得更圓融，必須全盤考量評估之後才採取行動。

　　在一個風和日麗的下午，一位漁夫將魚線上餌，丟入水中後，
便懶洋洋地躺在河邊。

　　他不時釣起一條條銀色鯉魚，然後又重複著同樣的動作，偶
爾吃吃手邊的三明治外加一罐汽水，在溫暖的太陽下吹著涼風打
發時間。

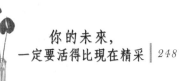
當他正將一條鯉魚拉上岸時，身邊走來一個穿著講究的商人。打量漁夫一陣子後，商人開口說話：「你為什麼不一次多放幾條線呢？」

「什麼？」漁夫疑惑地問著商人。

「一次多放幾條線，就可以釣到更多魚，不是嗎？」商人告訴漁夫。

漁夫頭也沒抬，繼續手邊的收線工作：「要那麼多魚幹什麼？」

商人對漁夫的反應感到吃驚：「可以拿去賣啊！」

然後，商人開始滔滔不絕說起他的經銷之道：「要是有很多魚，就能拿去賣，賺進一大筆錢，然後開家魚店。有了一家店，就可以開第二家、第三家，僱用更多人幫忙，最後還可以開魚貨批發市場，將魚賣到全國，甚至可以買艘大船，到外海捕魚，增加魚貨種類。」

「到時候，你就是個富翁啦！」商人像做了場美夢般，下了結論。

漁夫喝了一口汽水，面無表情地說著：「有了錢以後呢？」

商人聽了這句反問差點跌倒：「當你成了有錢人，想做什麼就做什麼，再也不用擔心怎麼過日子，你可以整天無憂無慮地躺著，甚至可以輕輕鬆鬆地釣魚打發時間。」

漁夫放下汽水，抬起頭微笑看著商人：「我現在就在做你所說的事！」

你的未來,一定要活得比現在精采

漁夫所要的，只是一種屬於自己的悠閒生活，至於錢財的多

寡，對他而言並不重要。當然，商人所說的也沒有錯，有了錢，的確可以過自己想要的生活，而且保障後半輩子即使釣不到魚也不用擔心餓肚子。

不過，世事的變化總是難以預料，沒人可以擔保未來的發展能按照自己編排好的劇本進行。

當你正汲汲營營地追求任何東西時，不妨先停下腳步思考片刻，那個東西能給你帶來什麼？是不是你所想要的？

當你在做某件事時，可以有意識地進行，也可以在無意中達成。你只須選擇一種適合自己的方式，該直走就直走，想轉彎就轉彎，只要腳步輕盈，快樂上路，就是最有價值的人生。

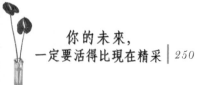
不當影子，你就是個發光體

停止當個文抄公，也別當個應聲筒，更不
要成為一個「失聲」者，找出自己的風
格，不要再當個傀儡娃娃。

　　做別人的影子永遠受限於光源，雖說學習的開始確實是來自
於模仿，但是模仿久了，就該找出自己的風格。

　　做人也一樣，如果爲了某些因素，而不敢或者不懂得說出自
己的聲音，那麼也只是個受控於社會的傀儡。

　　世界上有許多人是運用自己的特質而創造成功，任何人都可
能是其中一個，只要我們能夠珍惜且認識自己。

　　有一種產在南方的鳥，名字叫做鴝鵒，又稱爲八哥。

　　南方人捕捉牠後，將牠的舌頭剪成圓形，再經過一些時日的
訓練，就能模仿人類說話。雖然只能學上幾聲，說不出太多話，
也變不了什麼花樣，但仍深受到人們的歡迎。

　　因爲捕捉不易，加上訓練困難，八哥的身價不凡，大家都以
擁有一隻八哥爲傲。

　　每天下午，擁有八哥的主人都會把牠帶到樹蔭下，一群人就
圍著鳥籠，逗牠開口說話。當牠好不容易冒出一句人話之後，所
有的人都會拍手叫好，嘖嘖稱奇，許多孩子甚至不厭其煩地試著
要教牠講更多的話。八哥每天受到那麼多人的恭維，尾巴總是翹

得高高地，好不威風。

有一天，當主人帶著八哥在庭院中休息時，突然聽見一陣蟬叫聲，主人忍不住閉上眼睛陶醉地聽著，並對旁人說：「蟬叫聲真是自然的天籟啊！」

八哥聽在心裡非常不高興，覺得世界上叫聲最美妙的動物非自己莫屬，因為牠會講人話。等到主人離開後，八哥就對中庭裡的蟬說：「你的叫聲真是可笑極了，連一句人話都不會說，還能稱得上是天籟嗎？」

蟬一點也不生氣，回答說：「雖然我不會講人話，卻可以唱出任何我想唱的曲子，至於你，就只能重複著那些人們要你說的話，卻永遠無法說出自己心中真正想說的話。你能像我一樣，說出自己真正的心聲嗎？」

八哥聽了忍不住低下頭，為自己之前驕傲的態度感到羞愧，從此以後，再也不模仿人類說話了。

你的未來,一定要活得比現在精采

同樣是演奏別人的作品，為什麼演奏家會有高下之分呢？差別就在表達的方式，每個人所融入的情緒都不同，自然會帶給人不同的感受。

就算是相似度再高的雙胞胎，也能找出相異之處，每個人都是不同的個體，沒有誰可以取代誰，人生道路更是如此。

然而社會上，像八哥一樣只懂得模仿別人的人很多，他們的心中缺少了自己的想法，就像某個商品風行時，大家一窩蜂爭相模仿，造成產品氾濫，最後能撈到利益的人卻屈指可數。

要讓生命更圓融、更成功，就必須發揮創造精神；欠缺創造

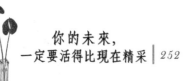

精神的人，只會被時間的洪流無情地淘汰。

　　停止當個文抄公，也別當個應聲筒，更不要成為一個「失聲」者，找出自己的風格，不要再當個傀儡娃娃。

　　該說就說，該做就做，勇敢當自己。

承認偏見，才能化解偏見

當你意識到你對某人或某件事的看法可能是自己一廂情願的偏見之後，你就應該努力證明那不只是偏見而已。

專家說，偏見是人類的一種本能。

從好的方面看，有偏見並非是人們的錯。然而，從壞的那一面看，這句話說明每一個人都有偏見，甚至覺得別人對自己有偏見，就已經是一種偏見。

在一個班級，有個成績非常不好的學生，上課時總是拿書本遮住臉，偷偷打瞌睡，從第一分鐘睡到最後一分鐘。

有一次，老師正在講台上講得口沫橫飛、慷慨激昂時，突然看見這名學生又捧著書本睡著了。

老師感到怒火中燒，便把這名學生叫起來，氣憤地罵道：「你每次上課都在睡覺，還能有什麼出息，也不學學人家小明……」

老師口中的小明，正是班上名列前茅的高材生。老師一向為品學兼優的小明感到非常驕傲，原本想要拿他做個強烈的對比，不料轉頭一看，發現小明也正捧著課本打瞌睡。

老師於是立即改口說：「你看人家小明多棒，就連睡著了還拿著書呢！你也不檢討一下自己，一拿起書就睡著了，實在太不像話！」

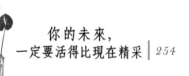

你的未來,一定要活得比現在精采

　　同樣都是捧著書本睡覺，好學生就會被解讀成「睡著了也還拿著書」，壞學生卻被說成「一拿起書就睡著了」，可見這個世界有多麼不公平，也可以看出偏見對人的影響有多深。

　　偏見是無論大人或小孩都會有的一種態度。很多時候，我們之所以喜歡一個人，或是不喜歡一個人，其實全都是一種主觀的偏見。

　　化解偏見最好的方式，就是承認偏見的存在，而不是把偏見當成真知灼見。當你意識到你對某人或某件事的看法可能是自己一廂情願的偏見之後，你就應該努力證明那不只是偏見而已。

PART II

不僅知道，還要做到

當你總是無法下定決心開始進行某一個工作時，

當你總是缺乏毅力貫徹時，

或許是因為你對這件事情的了解還不夠深入。

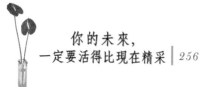
不僅知道，還要做到

當你總是無法下定決心開始進行某一個工作時，當你總是缺乏毅力貫徹時，或許是因為你對這件事情的了解還不夠深入。

　　有句強調行動力的話是這麼說的：「知道了不去做，就等於不知道；做了沒有結果，就等於沒有做。」

　　行動比思想更加重要，一個人想什麼，只與他自己有關；但是一個人做了什麼，卻可能改變全體人類的命運。

　　思想上的勇氣人人都有，但行動上的勇氣卻相當稀罕，也因此，大多數人都是言語上的巨人，行動上的侏儒。

　　話說經濟大恐慌之後，美國政府花了許多心力建設鐵路，但相對的，鐵道意外事故也頻傳。

　　為了減低事故發生的機率，美國鐵路當局特地舉辦了一次交通安全口號的徵文比賽，希望可以用一些簡單明瞭的字眼，提醒民眾多注意自身安全，落實「交通安全，人人有責」的精神。

　　消息傳出之後，投稿的信件如雪花般飛來。經過專家小組的評選，鐵路當局決定用最簡單有力的「停、看、聽」三個字，作為鐵道安全的口號，希望每個人在經過鐵路平交道時，都能及時想起這三個字。

　　然而，這三個字的口號雖然有效減低了意外發生的機率，卻

仍然有些人因為一時大意，不小心成了火車之下的亡魂。

　　有天晚上，又有一個酒醉開車的駕駛者硬闖平交道，結果被疾駛而來的火車當場撞死。警方後來赫然發現，這個醉漢正是當初提出「停、看、聽」這句標語的投稿者！他知道，可是卻沒有做到。

你的未來,一定要活得比現在精采

　　「知易行難」，這句話大家都知道，可是，只有少數人用這句話警惕自己，大多數人卻用這句話安慰自己，一廂情願地認為，缺乏行動力其實是人與生俱來的弱點之一。

　　那麼，到底要怎麼樣才能改善這個通病呢？有人提出了一個方法，那就是把自己該做的事情徹底弄清楚。當你總是無法下定決心開始進行某一個工作時，當你總是缺乏毅力貫徹某一件事情時，或許是因為你對這件事情的了解還不夠深入，或許是因為你下的功夫還不夠多。

　　正如故事中那個酒醉駕車的死者，如果他真的徹徹底底認識闖越平交道可能會面臨的嚴重下場，或許他便會盡力做到「知行合一」。

　　很多人該做的事情沒有做，不該做的事情又做了，往往都是因為知道得不夠多，卻又以為自己已經都知道了。

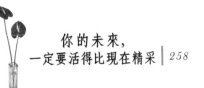
微笑是解決問題的特效藥

經常發怒的人，朋友一定少，心情也不會好。只有用微笑面對一切的人，才能輕鬆地解決一切。

有位人際關係大師曾經說過：「能讓一個人開懷大笑，你已經鋪好了與他之間的友誼橋樑。」

要結交一個朋友很簡單，只要想辦法讓他笑就行了。相對的，要樹立一個敵人也很簡單，只要想盡辦法讓他成為別人的笑柄，他自然就會討厭你。

一家公司招待外賓到飯店吃飯，由於這筆生意非常重要，董事長除了派出所有一級主管之外，還特地加派一位新進職員隨侍在側。

上菜之後，那位年輕的新進職員立刻上前一一為客人以及眾主管斟酒，豈知他的手不小心滑了一下，竟然將整瓶酒嘩啦啦地倒在一位禿頭主管的頭上。

這個突如其來的狀況，令大夥兒驚駭不已，一時之間全都看得目瞪口呆，不知道該怎麼反應才好。

那位新進職員更是嚇得臉色發白，傻愣愣地呆立在一旁，等著挨罵。

就在這個進退兩難的時刻，只見那位禿頭的主管拿起餐巾，

往自己的頭上擦了擦，然後笑著對大家說：「年輕人畢竟是年輕人，他竟然以為用這種方法就可以治好我的禿頭？唉……這個方法其實我老早就已經偷偷試過了。」

話一說完，全場人士爆出一陣笑聲，尷尬的氣氛頓時煙消雲散。

你的未來，一定要活得比現在精采

有句話說：「微笑能解決問題，皺眉只會緊鎖問題。」

這句話說得一點兒也沒錯，微笑正是解決尷尬問題的特效藥。

經常發怒的人，朋友一定少，心情也不會好。只有懂得用微笑面對一切的人，才能輕鬆地解決一切。

微笑人人都會，但是要在應該生氣、應該嘆氣，甚至應該哭泣的時候還能夠笑得出來，這就非得要有高深的內涵與修養才行。

能夠開朗微笑的秘訣在於：「付出得多，計較得少。」不要問自己是為什麼而笑，只要試著微笑就對了。

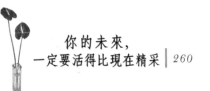

用更糟的消息安慰自己

 當我們遭遇不幸時，不要害怕，也無須太過傷心，只要世界上還有許多更糟糕的事情，或許就能感受到一絲安慰與慶幸。

壞事年年有，誰也不知道哪一年會特別多。遇見壞事，應該用積極的方法讓它變沒事，而不是坐困愁城。

下面這一則故事，正是要告訴你如何不用問題解決問題，讓人即使碰到壞事也不礙事，就算做了壞事也能沒事！

據說一休大師從小就非常聰明。

他的老師有一只非常心愛的茶杯，價值非凡，對老師來說有特殊的意義。

沒想到有一天，一休在玩耍的時候，不小心把茶杯打破了。正當他感到非常害怕，不知該如何是好的時候，老師正好走進房間。

一休驚慌之餘，立刻把茶杯的碎片藏起來。接著，他假裝若無其事地向老師請益說：「老師，你知不知道人為什麼一定會死？」

老師回答：「人老了就會死，這正是大自然的定律。每樣東西都有它一定的壽命，大限到了，自然就會死，我們不用害怕，也無須太過傷心。」

此時，一休才拿出茶杯的碎片，對老師說：「老師，請您不要傷心。您的茶杯大限到了。」

沒有人喜歡聽到壞消息，然而，人的心理真的很奇怪，在接受壞消息之前，如果先告訴他一個更壞的假消息，然後再告訴他那個比較不壞的真消息，兩者相比較之下，他非但不會遭受打擊，反而還會欣然接受那個壞消息。

正如一休先引導老師想到人類的死亡，再告訴老師茶杯破掉的消息，讓老師先有了最壞的心理準備。所以，老師原本想到的或許會是：「怎麼辦？我最心愛的茶杯竟然破掉了！」現在卻只會想到：「萬物終有盡頭，破掉的只不過是個茶杯而已。」

下一次，在扮演「烏鴉嘴」這個角色的時候，不妨可以用用這招。

更重要的是，當我們遭遇不幸時，不要害怕，也無須太過傷心，只要世界上還有許多更糟糕的事情，或許就能感受到一絲安慰與慶幸。

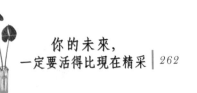

懂得惜福，才會幸福

每種生活其實都有每一種生活的幸福。幸
福無處不在，但是只有用心珍惜的人才能
感受得到。

古希臘哲學家亞里斯多德曾經說過：「人生的最終目的，就
是追求幸福。幸福就是不受阻撓的活動。」

人的需求其實不多，只要擁有自由，就有幸福。

有個俊美的吹笛人，牧笛吹得比誰都要好，歌聲比誰都還要
嘹亮。凡是他所到之處，總是吸引著許多姑娘的眼光。

一天，吹笛人來到一處森林，坐在石頭上吹著悠揚的樂曲。

森林裡的仙女聽到了，為那醉人的笛聲深深感動，立刻飛到
吹笛人的身邊，對他說：「聽到你笛聲的人都迷戀你，看見你樣
貌的人都愛慕你，你真是世界上最幸福的人啊！」

吹笛人苦笑著說：「我怎麼會幸福呢？我為了要讓人們看見
我、聽見我，每天從早到晚從一個地方走到另外一個地方，可稱
得上是一個不幸的流浪漢呢！如果我可以變成一座金雕像就好了，
到那個時候，我什麼也不用做，人們就會主動跑過來看我，那時
我才可說是世界上最幸福的人啊！」

仙女沉思了一會兒，決定成全他的願望。她用仙女棒輕輕觸
了一下吹笛人的身體，吹笛人立刻變成了一座閃爍無比的金雕像。

附近的人聽說吹笛人變成了金雕像，紛紛跑過來看他。

到了晚上，人們在金雕像前升起了營火，圍繞著金雕像盡情唱歌跳舞。

吹笛人也想和人們一塊兒同歡，想吹奏手中的金笛子，可是他的金手無法舉起來；他想引吭高歌一曲，可是他的金喉嚨卻發不出一點聲音；他想跟姑娘們手拉著手跳舞，可是他的兩隻腳卻牢牢黏在金座台上；他想哭，只是他的金眼睛裡根本流不出一滴淚水。

吹笛人這才知道，從前那種自由自在的流浪日子，其實是多麼幸福啊！

你的未來,一定要活得比現在精采

每種生活其實都有每一種生活的幸福。

有錢的日子雖然很好，但是窮人認真打拚的生活，也是一種踏實的幸福。能夠不勞而獲雖然很好，但是一分耕耘一分收穫，從付出的過程中見證了自己的能力，也是一種幸福。

每個人都希望自己身體健康，無病無痛，但若事與願違，一樣可以從與病魔抗戰的過程中，體驗到生命的可貴與堅韌，不也是另一種幸福？

懂得惜福，不怨天尤人，日子才會過得幸福。幸福無處不在，但是只有用心珍惜的人才能感受得到。

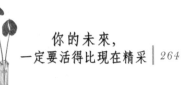
是傻氣，也是福氣

在物質上或許會有所損失，但是心理層面
上的安然自在卻無人能比，那畢竟才是人
生最大的財富與智慧啊！

　　做人太傻，或許會失去很多東西，但卻可能因此多了不少快
樂。有些傻瓜其實並不像我們認為的那樣傻到無可救藥，只不過
心腸軟了一些，自然也比較容易聽信別人的鬼話。

　　對這些人而言，糊塗或許也是一種幸福。

　　有個人從市場買了一頭毛驢回家，附近的兩個小偷看見了，
便計劃要偷走他的毛驢。趁著深夜，一個小偷躡手躡腳地潛進屋
裡，卸下原本套在毛驢頭上的繩子，套在自己頭上，另外一個小
偷則立即把毛驢牽走。

　　隔天一早，驢主人發現栓在屋裡的毛驢不見了，韁繩綁住的
卻是一個活生生的年輕人，感到非常奇怪。

　　那名年輕人立刻跪在驢主人面前，哭道：「主人啊，我其實
原本是一名寡婦的獨生子，因為不學好，所以我媽媽才詛咒我，
罰我變成驢子。但是剛才可能是因為媽媽後悔了，祈求上帝饒恕
我，所以我才又變回人。既然您買下我，那麼我就是您的奴隸了，
您說要怎麼辦就怎麼辦吧！」

　　驢主人雖然覺得倒楣，但是，也不忍心讓這名寡婦的獨生子

一輩子做自己的奴隸，只好大發慈悲說：「既然這樣，我就放你走吧。希望你今後好好做人，千萬別再變回毛驢啊！」說完，便將他放了。

幾天之後，驢主人再次來到市場，突然發現他上次買回家的那頭毛驢又出現在市場裡。於是他便走到那頭毛驢身邊，小聲對他說：「畜生，叫你好好做人，你怎麼就是不聽呢？如今你又變成一頭毛驢啦，唉！這都要怪你自己呀！」

你的未來，一定要活得比現在精采

故事中的驢主人看似愚蠢，實際上卻比你我都還要來得有福。

想想看，如果今天驢子被偷的人是你，你會作何感想？生氣、難過、搥胸頓足總是難免的。

但是，驢主人卻選擇相信了小偷的謊話，當自己是放人一條生路，做了一件好事，你看，這樣的想法豈不是愉快多了嗎？

許多人從小就被教育做人要聰明一點，將來在社會上才不會吃虧。然而，看看你我身邊的人就不難發現，越是聰明的人，吃的虧越多。

反而是那些笨到被賣了還替人數鈔票的人，在物質上或許會有所損失，但是心理層面上的安然自在卻無人能比，那畢竟才是人生最大的財富與智慧啊！

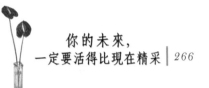
擁有美德是幸福的起點

不管缺乏什麼東西都可以靠勤能補拙，唯
獨缺乏優良的品行，是再怎麼努力也無法
補救的。

歷經世事的人都知道，內在的美德比外在的一切更經得起時
間考驗。

人可以什麼都沒有，但是不能沒有美德。擁有良好的美德，
就會受人尊敬、受人喜愛，如此還怕幸福不來嗎？

有一個富有的老先生，為了要替兒子物色適合的媳婦，便從
自家果園裡採了一車李子，然後用馬車載著李子到隔壁村，一邊
走一邊叫嚷道：「李子換垃圾！李子換垃圾！」

隔壁村子的姑娘們見了，笑著說：「這真是個傻子，我們快
回家打掃，拿垃圾換他的李子！」

很快，姑娘們紛紛送來一袋袋的垃圾，喜孜孜地對老先生說：
「多虧你來了，我們才有機會好好把家裡清掃一番！這也要慶幸
我們平時沒有好好整理家中環境，否則，今天怎麼能拿出這麼多
垃圾交換你的李子啊？」

老先生不管對方拿出多少垃圾，全都一一收下，並且按垃圾
多寡分給她們李子。此時，一個年輕姑娘來到他面前，遞上用衛
生紙包著的一點垃圾。

　　老先生奇怪地問：「姑娘，你怎麼只拿這麼一點點垃圾換李子啊？」

　　姑娘不好意思地回答：「這點垃圾還是鄰居送我的，要不然，我家裡可是連一點垃圾都找不到呢！」

　　老先生一聽非常高興，他終於為兒子找到一位勤勞、愛乾淨、懂得打理家裡的好姑娘啦！

　　其餘姑娘知道這件事後，人人都臉紅了起來，她們也立志要向這名年輕姑娘看齊，做一個勤勞持家的好姑娘。

你的未來,一定要活得比現在精采

　　這個愛整潔的姑娘固然值得全天下女人學習，但是這個老先生選媳婦的智慧，也同樣值得作為全天下男人的借鏡。

　　能夠找到一個樣貌佳、學歷高、收入豐厚的伴侶固然令人羨慕，但在夫妻共同相處的漫長歲月中，這些外在條件對婚姻品質並沒有多大的幫助，反倒是另一半的個性、品德、人格特質等，才是維繫婚姻的主要元素。

　　無論是男人還是女人，除了在追求社會地位上的卓越之外，別忘了，個性上的美德，才是人生最重要的本錢。不管缺乏什麼東西都可以靠勤能補拙，唯獨缺乏優良的品行，是再怎麼努力也無法補救的。

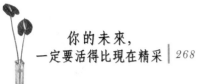

生活處處見智慧，知識時時可積累

學習不僅來自書本，除了讀有字的書，也
要讀無字的書。從生活中去吸取經驗，才
能讓自己的視野更寬廣。

　　希臘哲學家柏拉圖曾經說過一句名言：「知識是塑造高等人
類的要素。」

　　許多偉大事情的完成，都以擁有知識為根本，知識的累積則
是學問結成的果實。學問是永遠不停止的進步與學習，任何人只
要有一顆真誠願意學習的心，那麼他的天賦跟偉大的人其實沒有
什麼差別。

　　學習，就像耕田一樣，不管原本的土壤有多麼肥沃，如果不
去翻土、播種，不勤於耕種，就不會有收成的一天。

　　每個人都需要學習，從學習中才能得到更多東西，改變自己
的命運。

　　迪士尼樂園設計師之一——世界級建築師格羅培斯，當年在
迪士尼樂園即將開放前，仍然沒有替各景點間的銜接道路想出一
個具體的方案，那時他心裡十分焦急，深怕趕不及開幕時間。

　　當時，巴黎正好舉辦慶典活動，當活動結束後，煩惱不已的
他決定到鄉間走走，放鬆情緒，看看能不能找出靈感來。司機駕
著車開往地中海，格羅培斯一路上看著汪洋的海景，腦裡仍是一

片空白。

　　汽車開入法國南部的鄉間公路，道路兩旁滿佈的葡萄園，是當地農民賴以維生的農作。一路上空空蕩蕩，只有一片又一片的果園。當車子彎進一座小山谷時，出現在眼前的是一輛輛停在路旁的汽車，而且為數不少，格羅培斯感到很好奇，請司機停下車來，並走上前探究原因。

　　原來，一群人在這裡下車是為了一座無人看守的果園。

　　這座果園的主人是一位老太太，因為年事已高，無力處理水果買賣事宜，因而在路邊放置一個小箱子，並豎立一個牌子，上面寫著：「只要投入五法郎，你就可以帶走一籃葡萄。」

　　沒想到這方法卻吸引了很多人前來，因為遊客一方面可以選擇自己要哪一串葡萄，另一方面又可以享受田園之樂，於是在這條綿延百里的葡萄產區，老太太的葡萄總是最早賣完的。

　　格羅培斯在箱子裡投入了五法郎，走進葡萄園，挽起袖子，開心地摘了一串又一串的葡萄，葡萄裝滿一籃後，才心滿意足地離去。

　　一回到住所，格羅培斯馬上拍了一封電報給迪士尼樂園的施工單位：「灑上草種，提前開放。」

　　原本預定半年後才開放的迪士尼樂園開始營業，這會兒讓大家都摸不著頭緒，原本還在日夜趕工擔心會趕不上開幕，如今不知何故卻提早結束工程？格羅培斯笑笑地告訴大家，他有自己的考量。

　　半年後，草地上被踩出許多小徑來，這些小徑有寬有窄，有大有小，自然地遍佈在園區裡。第二年，格羅培斯要工人按照這些踩出來的痕跡鋪設人行道。一九七一年在倫敦國際園林建築藝術研討會上，迪士尼樂園的路徑設計被評為世界最佳設計。

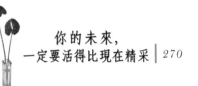

你的未來，一定要活得比現在精采

　　這位世界級的設計師從一位經營果園的老婆婆身上得到靈感，學習她面對困境時的態度，改變買賣方式來解決難題。

　　學習不僅來自書本，除了讀有字的書，也要讀無字的書，從生活中去吸取經驗，才能讓自己的視野更寬廣。

　　人生下來，再簡單的動作都需要經過學習與模仿。學習是終生的，並不會因為離開校園而停止。不過，學習之時必須心態柔軟，學習之後必須靈活運用；如果光讀死書，卻不會活用學問，那麼一個書呆子比愚人還不如。

　　我們要立志當一個乾燥的海綿，努力吸收學問，積極充實自己，才能讓自己的人生更加飽滿、圓融。

生活講義

146

你的未來，一定要活得比現在精采

作　　者　楚映天
社　　長　陳維都
藝術總監　黃聖文
編輯總監　王　凌
出版者　普天出版家族有限公司
　　　　　新北市汐止區康寧街 169 巷 25 號 6 樓
　　　　　TEL / (02) 26921935 (代表號)
　　　　　FAX / (02) 26959332
　　　　　E-mail：popular.press@msa.hinet.net
　　　　　http://www.popu.com.tw/
　　　　　郵政劃撥 19091443 陳維都帳戶
總經銷　旭昇圖書有限公司
　　　　　新北市中和區中山路二段 352 號 2F
　　　　　TEL / (02) 22451480 (代表號)
　　　　　FAX / (02) 22451479
　　　　　E-mail：s1686688@ms31.hinet.net
法律顧問　西華律師事務所‧黃憲男律師
電腦排版　巨新電腦排版有限公司
印製裝訂　久裕印刷事業有限公司
出版日　2019 (民 108) 年 6 月第 1 版
I S B N◉978-986-389-627-2　　條碼 9789863896272
Copyright◎2019
Printed in Taiwan ,2019 All Rights Reserved

國家圖書館出版品預行編目資料

你的未來，一定要活得比現在精采／
楚映天編著. —第 1 版. —：新北市, 普天出版
民 108.06 面；公分. -（生活講義；146）
ISBN◉978-986-389-627-2（平裝）
CIP◎177.2

普天之下・盡是好書

普天出版社
Popular Press